Jardins

TEXTE DE JEFF COX

des sens

PHOTOGRAPHIES DE JERRY PAVIA

ABBEVILLE • New York • Paris • Londres

Traduit de l'anglais par William Wheeler et Claire Desserrey.
Adaptation et jaquette : X-Act, Paris
Titre original : *Gardens of the Senses*

Dépôt légal : 4e trimestre 1993
ISBN : 2-87946-034-4
Imprimé à Hong Kong

Remerciements du photographe : Outre les jardiniers et architectes-paysagistes mentionnés dans les légendes, j'aimerais remercier les personnes qui n'ont ménagé ni leur temps ni leurs efforts pour que ce livre soit aussi réussi que possible. En France : Mme Andlau ; le prince Wolkonsky ; Didier Willery ; Georges Lévêque ; Michel Lamontagne ; Mme Kargere ; Mme Lindsay à Giverny ; Tiba. En Grande-Bretagne : Sally Wood et le personnel de la Garden Picture Library ; Ron Sutherland ; Rosemary Verey ; John Brookes ; Christopher Lloyd. Aux Etats-Unis : Mary Smith ; Connie Cross ; Pam Lord ; Lois Woodall ; Norman Johnson ; Allen Rokach ; Cindy White ; Anne Schwartz ; Ryan Gainey ; Marco Polo Stephano ; Lynden Miller ; le Wirsche Photo Lab à Spokane, Washington ; United Airlines. Je tiens enfin à remercier mon ami Will Venard pour les conversations passionnantes que nous avons eues ensemble. Ses réflexions m'ont aidé à découvrir et à exprimer ma créativité.

A Susanna
JEFF COX

A mes parents, Charles and Gladys
JERRY PAVIA

PAGE 1, 160 ET PLAT DE COUVERTURE : *L'effet créé par ce rosier 'Cecile Brunner' encadrant le portail du jardin de Jody Honnen, à Rancho Santa Fé en Californie, est d'autant plus frappant qu'il repose sur un petit nombre d'éléments particulièrement évocateurs.*
PAGES 2 ET 3 : *Le raffinement des jardins japonais fait généralement vibrer notre sens esthétique. Ces dernières années, les jardiniers de la côte ouest des Etats-Unis ont beaucoup emprunté à cette source d'inspiration. Dans le jardin Nitobe de Vancouver, au Canada, un petit pont et des* Prunus *en fleurs se reflètent dans l'eau.*
PAGE 5 : *Il se dégage des jardins de rocaille une sensualité intrigante, qui naît de la juxtaposition des roches dures et peu colorées et des touffes de fleurs évanescentes.*
PAGE 6 ET 7 : *Dans le jardin de La Vasterival à Varengeville-sur-mer, la ligne sinueuse du chemin engazonné trouve un écho dans la forme du tronc de l'arbre de droite. La cicatrice qu'il porte est le signe que l'on a retiré une branche. Si l'on essaie de se représenter cette branche en place, on se rend compte qu'elle aurait gêné le jeu subtil des lignes de cette partie du jardin.*

Sommaire

Introduction

UN JARDIN POUR LE PLAISIR DES SENS

CI-DESSUS : *Une fraîche ondée de septembre vient de tomber sur ces asters d'automne (*Aster *'Huntington Pink').*

CI-CONTRE : *Dans le jardin, les animaux exercent aussi leur sens tactile. Une danaïde s'est posée sur un arbuste aux papillons (*Buddleia davidii*) dans le Barry Ferguson Garden d'Oyster Bay, dans l'état de New York.*

PAGES 8-9 : *Les visiteurs du jardin botanique de l'université de Californie à Berkeley résistent mal à l'envie de toucher ce tapis de prêles plumeux (*Equisetum*) qui entoure des arbres à l'écorce rugueuse.*

Nul lieu au monde n'est plus sensuel qu'un jardin. Par les réactions visuelles, auditives, gustatives, tactiles et olfactives qu'il provoque, il nous émeut ou nous apaise. Cet ouvrage se propose d'aider les jardiniers et les amoureux de la nature à mieux apprécier les qualités sensuelles et sensorielles des plantes, à donner une nouvelle dimension aux moments que nous passons au grand air et à accroître les plaisirs qu'offre un jardin.

Définissons tout d'abord quelques termes. Le dictionnaire nous apprend que l'adjectif « sensoriel » concerne les sensations considérées sous un angle objectif, alors que « sensuel » implique la recherche de ce qui flatte les sens et la satisfaction d'un appétit. Dans ce livre, les plantes seront abordées sous ces deux aspects.

Un tel projet peut à première vue sembler réducteur. Au lieu de considérer le jardin comme un lieu de détente, est-il nécessaire de le décortiquer en autant d'éléments se rapportant à la vue, l'odorat, l'ouïe, le goût et le toucher ? Ce faisant, ne tuons-nous pas la magie du jardin ?

Il n'en est rien : grâce à une meilleure connaissance des réactions sensorielles que les plantes peuvent provoquer, notre expérience du jardin dans sa globalité devient plus riche. Si le néophyte éprouve du plaisir quand il écoute la Neuvième symphonie de Beethoven, le mélomane averti en appréhende toutes les subtilités et l'importance des thèmes secondaires dans la composition générale. Il en va de même dans un jardin. Souvent, nous n'avons pas conscience de la façon dont nous percevons les plantes. L'un des objectifs de cet

ouvrage est donc de mettre en lumière ces expériences sensorielles inconscientes. On verra par exemple que parcourir le jardin après la tombée de la nuit prend alors une nouvelle dimension.

Notre propos est également de stimuler la créativité des jardiniers et de les aider, par des suggestions, à réaliser un jardin magnifique où qu'ils habitent. Si l'on connaît bien les plantes et leurs effets sur nos sens, on est en mesure de concevoir un jardin plus intéressant. On dispose en effet les végétaux selon une certaine logique et l'on prend des décisions plus motivées. Prenons comme exemple le rosier 'Gruss an Aachen', au parfum très particulier. Si l'on tient compte, au moment de la conception du jardin, non seulement des couleurs mais aussi des senteurs, on s'apercevra que sa note fruitée se marie bien à l'arôme de clou de girofle du benjoin ou des œillets (ce qui n'est pas vrai en revanche des roses de Damas).

L'un des meilleurs biais pour stimuler la créativité est d'étudier les réalisations de grands jardiniers ou paysagistes. Pour illustrer les thèmes et les techniques abordés dans ce livre, le photographe Jerry Pavia a sillonné l'Europe et les Etats-Unis à la recherche de cette beauté qui éveille notre sensibilité.

Comme ces photographies en témoignent, le jardin n'est jamais totalement la création de l'homme. Il est le résultat des efforts conjugués de la personne qui le conçoit, des plantes qui le recouvrent, de la terre et des roches qui le nourrissent et de la nature impétueuse. Le jardinier plante les végétaux, mais ensuite ceux-ci poussent et présentent leurs fleurs à la lumière selon des règles qui leur sont propres. L'équilibre est le mot-clé de la conception d'un jardin : équilibre des coloris, des textures, des valeurs, des formes et des effets visuels. Il se dégage des jardins bien composés une impression de sérénité et de perfection exquise. Les plantes semblent avoir été choisies et disposées comme les mots d'un poème parfait.

Une fois qu'il a planté tous les végétaux, le jardinier s'efface et la nature entre en scène pour apporter les dernières finitions : dans un parterre à dominante bleue, une cardinale aux fleurs cramoisies (*Lobelia cardinalis*) se dresse, inattendue ; une touffe de graminées pousse à la rencontre des branches pendantes d'un cerisier pleureur…

En quelques minutes, la nature peut complètement transformer l'atmosphère d'un lieu. Un jardin gai et ensoleillé devient sombre dès que le ciel devient menaçant. Ailleurs, de hauts genévriers, balayés par le vent et la pluie, semblent vouloir éloigner les nuages.

La froidure de l'hiver fait paraître le jardin moribond et plonge ses dagues glacées dans le feuillage tendre et la terre. La verdure de l'été s'est évanouie comme dans un rêve et la vie se retire dans les racines, invisibles sous le sol gelé.

Sous des formes innombrables, de l'infiniment grand à l'infiniment petit, de l'infiniment complexe à l'infiniment simple, la nature met en œuvre les multiples interactions des mécanismes biologiques. Partout, la conscience est présente. Par définition, la conscience implique l'existence des organes sensoriels. C'est grâce à eux que les organismes vivants - animaux ou végétaux - sont en relation avec leur environnement. Chaque espèce possède un appareil sensoriel spécifique et perçoit donc un univers particulier, qui contient ce qui est nécessaire à sa survie. Pour que cette survie soit possible, l'espèce doit suivre son instinct, réaliser ce pourquoi elle est programmée : la taupe déguste les vers de terre, le faucon fond sur le moineau, le ver de terre creuse la terre, les feuilles des plantes se tournent vers le soleil...

Amour, désir, passion : ces termes ne sont pas aussi incongrus qu'ils le paraissent quand il s'agit de décrire l'organisation des êtres vivants et les forces motrices qui sous-tendent l'action de la nature. Un jardin rassemble les desseins et les passions de multiples formes de vie. C'est donc avec passion que nous devons aborder le jardin des sens, afin d'en apprécier toute la complexité.

PAGE CI-CONTRE, EN HAUT : *On a parfois l'impression que les pensées (*Viola tricolor*) nous regardent passer.*

PAGE CI-CONTRE, EN BAS : *Peu de fleurs sont aussi ravissantes que les petites clochettes blanches des campanules (*Campanula formanekiana*). Elles s'accrochent ici à un muret du Royal Botanical Garden d'Edimbourg, en Ecosse.*

A DROITE : *Dans le jardin de Beth Chatto à Elmstead Market, près de Colchester en Angleterre, tous les sens sont sollicités par l'odeur des plantes, le goût, la sensation tactile et le son de l'eau, le paysage aménagé avec art et les coloris des fleurs. C'est un lieu sensuel où l'on aimerait se cacher.*

Ci-dessus : *Sous la cascade parfumée de la glycine, nos préoccupations s'évanouissent. Ce refuge, dans le Severence Garden à Seattle aux États-Unis, éveille en nous des instincts hérités de nos ancêtres préhistoriques.*

Page ci-contre : *Les géraniums roses et les roses ivoire contribuent au cadre romantique du jardin d'Acorn Bank, à Temple Sowerby en Angleterre.*

Pages 16-17 : *La forme amusante de ce topiaire, dans la roseraie Woodland de Seattle aux États-Unis, est contrebalancée par la cîme large de l'arbre situé à sa droite. Au premier plan, pour compléter la scène, des roses se balancent sur leur tige.*

Vous souvenez-vous lorsqu'enfant, par un après-midi ensoleillé, vous erriez au fond du jardin ou d'un pré, au milieu de hautes herbes encore humides ; le chemin était couvert de flaques boueuses. Sentez-vous encore la boue, chauffée sous le soleil d'été, couler entre vos doigts ? Avez-vous encore en mémoire l'odeur de la terre et des graminées, l'eau qui pénétrait vos vêtements tandis que vous vous laissiez aller au bonheur de patauger ? Non loin de là, un papillon, une grenouille ou un scarabée doré se dissimulaient certainement dans les feuilles. Vous rappelez-vous la vapeur exhalée par les herbes et le bourdonnement des insectes ?

Pour profiter pleinement d'un jardin, il ne faut pas le considérer comme une belle image réservée au seul plaisir des yeux. Il faut le parcourir avec sensualité et retrouver ses réflexes d'enfant : toucher la terre, soupeser les pierres, observer la beauté qui se fane, sentir l'odeur du compost… La volupté naît de la vue qui s'offre à nous, du bruit du vent, du contact de l'herbe, du goût des baies et du parfum des fleurs.

Ainsi, nos sens, l'un après l'autre captivés par le jardin, se mettent à l'unisson : nous sommes comblés par le chant des oiseaux, les odeurs, les textures, les saveurs, la beauté des couleurs. Le jardin nous invite à nous étendre sur l'herbe pour sentir le soleil, le vent et la terre, à humer la senteur des roses, à goûter les framboises mûres, à observer les reflets argentés d'un poisson au fond du bassin.

En profitant des plaisirs que nous réserve le jardin, en apprenant à aimer ce qu'il nous offre, nous nous rapprochons de la nature. Nous sommes donc sur le bon chemin. Révélateur de nous-mêmes, le jardin nous apprend également et avant toute chose qu'il est là pour nous procurer du bien-être.

Lorsque l'on a déjà créé un jardin et que cette expérience a été heureuse, la vérité de ces propos semble évidente. Sans relâche, à l'instar de l'amour maternel, le jardin procure apaisement, émerveillement et parfois même guérison. On pourrait dire que lorsqu'on jardine, on entonne un duo avec la nature. Car les jardiniers en viennent toujours à éprouver de l'affection pour leurs plantes. Ils aiment voir apparaître l'ordre naturel dans une croissance végétale apparemment chaotique. Ils apprécient la beauté, planifiée ou spontanée, qui s'installe dans leur jardin. La nature répond toujours à l'amour et à l'attention qu'on lui porte.

C'est une chose que l'on peut ressentir lorsque le jardin n'est pas à soi, mais s'il s'agit du sien, on ne se contente plus d'écouter le duo, on est l'un des duettistes ! On cherche à quel endroit les plantes vont se plaire ; si ce choix est judicieux, celles-ci répondent par une croissance luxuriante. On creuse la terre et les radis poussent, gros et savoureux ; on dispose des pierres et la mousse vient tapisser les interstices de son velours vert. A chaque fois, la nature nous rétribue par une beauté qui ravit chacun des sens.

Un jardin des sens

Qui donc si doucement nous appelle
à la vie dans la douce pluie de
printemps
Ramenant l'éclat perçant des couleurs
au chaud soleil d'été ?
Qui se défait, dans la pluie malade
d'automne
Jusqu'à cesser son murmure sous le
manteau de la neige ?

Lentement s'ouvrent les yeux sur la
seule beauté d'un roncier.
Que cela prenne une vie, une éternité,
peut-être davantage.
Si les langues sentent le doux
Combien goûtent au plaisir –
Comme les fruits des années sombres
mûrissent au tendre soleil.
Epines et ronces préparent la voie
A des herbes fraîches, soyeuses.

Les vastes cieux semblent si vides –
D'ici là combien de temps avant
d'entendre les échos de leur chant
Et respirer la merveille du divin
parfum
D'un arbre qui fleurit par delà l'au-
delà ?

Jeff Cox

La vue

N'importe quel jardin, ou presque, au moment voulu peut apparaître un paradis.
Henry Mitchell

Nous devons nous y résoudre : notre vision, qui nous paraît si complète, ne couvre en réalité qu'un étroit segment du spectre électro-magnétique. Si nous avions accès à la totalité de ce spectre, nous pourrions percevoir les radiofréquences, les ondes hertziennes et les micro-ondes, les radiations ultraviolettes et infrarouges, la danse pointilliste des rayons cosmiques et l'éclat universel des rayons gamma nés dans le noyau d'étoiles éteintes. Nous ne sommes sensibles en réalité qu'à certaines longueurs d'ondes, qui correspondent à ce que nous appelons la lumière visible. En revanche, certains insectes voient des choses que nous ne pouvons voir, grâce par exemple aux rayons ultraviolets. C'est ainsi que les abeilles repèrent les motifs et les marques présents sur les pétales et sont guidées vers les nectaires des fleurs.

Que verrions-nous si nous percevions le spectre dans sa totalité ? Nul ne le sait. Quoi qu'il en soit, et en dépit des limites de notre système visuel, il est important de se souvenir que le paysage visible n'est que l'interprétation humaine, et par conséquent très partielle, de la réalité.

La vue est le sens le plus sollicité dans la perception d'un jardin d'agrément et, de ce fait, mérite d'être abordée en premier lieu. La terre, les pierres, l'eau, les bâtiments, le feuillage, le bois et les fleurs composent le paysage mais nous évaluons leur beauté en fonction de critères de couleurs, de formes, de masses, de textures, de composition, d'échelle et d'équilibre.

La vision oculaire ne constitue qu'une partie du sens visuel. Même s'il ne repose pas sur la capacité à percevoir la lumière visible, le « regard intérieur », nourri par l'imagination et la perspicacité, entre également en jeu. Pour juger de qualités esthétiques formelles, nous comparons ce que nous voyons à notre idéal de beauté. Nos yeux nous renvoient une image, mais c'est de l'intérieur que nous ressentons ou non l'émotion provoquée par la beauté d'un jardin.

Ci-dessus : *Le décor d'un jardin fait parfois surgir d'autres images. A Sissinghurst, en Grande-Bretagne, le Rodgersia podophylla forme des vagues sous d'élégantes fleurs de magnolia (*Magnolia quinquepeta 'Nigra'*) posées telles une nuée d'oiseaux sur les branches.*

Ci-contre : *Dans le jardin japonais du Washington Park Arboretum de Seattle, aux États-Unis, la forme conique du rocher dans l'eau trouve un écho dans le haut genévrier. Cette vue prise au printemps témoigne d'un emploi subtil, élégant et sobre de la couleur.*

Pages 18-19 : *Le jardin est toujours une tentative de concrétisation d'un idéal esthétique. Le jardin du prince Wolkonsky, à Tredarzac en Bretagne, est un beau rêve devenu réalité.*

NATURE DE LA BEAUTÉ ET BEAUTÉ DE LA NATURE

En quoi consiste cet idéal de beauté personnel et comment se forme-t-il ? Il semble que les enfants possèdent très tôt un sens esthétique, qui évolue avec les années. Si l'enfant trouve par exemple que Disneyland est magnifique, l'adulte lui préfère souvent Notre-Dame de Paris ou le château de Chenonceaux.

Les scientifiques ont découvert que l'homme montre des préférences marquées pour certains types de paysages. Selon certaines études, ce phénomène témoigne des liens que notre espèce a conservés avec la savane africaine, terre de nos lointains ancêtres. Lorsqu'on présente à un échantillon de personnes des photographies de paysages différents et qu'on leur demande lequel elles préfèrent, elles choisissent généralement les vues qui représentent de grandes prairies (ceci est vrai même des gens qui vivent dans les forêts tropicales et qui n'ont jamais vu de prairie de leur vie). Elles indiquent également une nette prédilection pour l'eau. Cette attirance instinctive expliquerait-elle notre fascination pour la pelouse et la présence si fréquente de pièces d'eau dans les parcs ?

Le choix des personnes interrogées se porte sur des paysages « lisibles », qui permettent de s'orienter aisément. L'un des meilleurs exemples de ce type de paysage aux Etats-Unis, la vallée de Yosemite en Californie, comporte un certain nombre de sites facilement reconnaissables : El Capitàn, Bridal Veil Falls, Cathedral Rocks, Yosemite Falls, North Dome et Half Dome. Ils sont visibles de n'importe quel point de la vallée, ce qui fait qu'il est pratiquement impossible de se perdre.

Les chercheurs ont également noté que nous préférons de façon instinctive les perspectives dégagées ainsi que les endroits qui offrent un refuge à l'abri des regards.

Ron Thayer, du Department of Environmental Design à l'université de Californie, se promenait un jour dans la forêt nationale de Los Padres, au sud de la Californie. A un moment

Page ci-contre : *Parfois, la conception d'un jardin repose sur des principes formels. C'est le cas de cette allée du jardin d'Elk Rock à Portland, dans l'Oregon, où un hamamélis (*Hamamelis x intermedia *'Ruby Glow') se dresse derrière une haie de buis taillés.*

Ci-dessus : *Le jardin de Jim et Connie Cross à Cutchogue, dans l'état de New York, témoigne d'une grande maîtrise de la composition. L'effet visuel, créé par les courbes douces des* Pennisetum alopecuroides, *la forme hérissée du sapin du Colorado (*Picea pungens*) et au premier plan, le tapis de fleurs roses d'une verveine de Miquelon (*Verbena Canadensis*), est spectaculaire. Au fond, l'eau fraîche, la chaude lumière du soleil, les pierres rugueuses et différents types de feuillages complètent le décor.*

A droite : *Comme on le voit sur cette photographie prise à Portland, aux États-Unis, les jardins japonais sont parfois plus beaux à l'automne qu'au printemps grâce aux superbes tons rouille des feuilles de l'érable du Japon (*Acer palmatum*). La disposition des éléments traditionnels – pierres, bol et tuyau en bambou – répond à des codes aussi stricts que ceux de la cérémonie du thé.*

CI-DESSUS : *Les vues dégagées permettent de s'orienter dans un jardin. Chez M. et Mme Joseph Woods, à Springfield Barn en Grande-Bretagne, cette bordure rassemble des* Rosa *'Nevada', des* Stachys byzantina, *des giroflées lilas (*Cheiranthus*) à gauche et au centre des* Geranium psilostemon. *En levant les yeux, on aperçoit au loin, au-dessus des arbustes, le champ et les haies qui reprennent le thème du gazon et de la bordure.*

PAGE CI-CONTRE : *Au-dessus d'un tapis bleu lavande d'*Endymion hispanicus, *les rhododendrons éclairent de leurs couleurs franches les sous-bois ombragés.*

donné, il se rendit compte qu'il avait découvert l'un de ces lieux privilégiés. « L'une des pierres était usée en son centre et j'en ai déduit que les Indiennes venaient y moudre les glands. En regardant autour de moi, j'ai tout de suite compris pourquoi : abrité par les arbres et proche de l'eau, cet endroit était idyllique. N'importe qui s'y serait senti bien ».

Outre cette prédilection innée pour certains types de paysages, nous nous forgeons des critères personnels à partir de nos expériences et de notre affectivité. Le souvenir attendri du jardin d'une grand-mère bien-aimée nous poursuivra toute notre vie, et nous nous attacherons immédiatement aux jardins qui l'évoquent.

Lorsque le regard est exercé, il distingue dans un paysage ou dans un jardin l'équilibre et l'harmonie subtiles qui sont synonymes de beauté formelle. On enseigne dans les écoles des beaux-arts des principes qui permettent de comprendre sur quoi reposent cette harmonie et cet équilibre : une composition basée sur la forme pyramidale paraît plus stable ; la symétrie est lassante et le mouvement naît de l'asymétrie ; deux lignes sont harmonieuses si le rapport de la plus courte à la plus longue est le même que celui de la plus longue aux deux mises bout à bout ; un volume important s'équilibre par plusieurs petits volumes.

Il n'est cependant pas nécessaire de fréquenter une école d'art pour acquérir cette perception des justes proportions. Nous l'acquérons sans nous en rendre compte, car le monde dans lequel nous vivons (naturel ou modelé par l'homme) est organisé à partir de ces règles, provenant de données fournies par le sens visuel. Il n'est pas indispensable d'être né à Tokyo pour apprécier la beauté des jardins japonais, qui marient avec tant de perfection équilibre et harmonie.

Ainsi, notre notion de la beauté, à la fois innée et acquise, passe par le sens de la vue. Mieux nous savons sur quoi elle repose, plus notre jardin est réussi et plus notre appréciation des jardins s'affine.

Les néophytes sont souvent critiques ou du moins peu interessés par ce qu'ils ne comprennent pas. Pour pouvoir apprécier une chose, il faut la connaître. Pour apprécier l'art des jardins, il nous faut donc examiner une par une leurs composantes esthétiques et en tirer des enseignements.

LES DIFFÉRENTES PERCEPTIONS DE LA COULEUR

Ci-dessus : *Il y a rouge… et rouge. Si le ton électrique du magenta est parfait pour animer un jardin, il s'associe difficilement à d'autres couleurs lorsqu'on souhaite créer une atmosphère de sérénité. Au Pine Meadows Garden de Southport, dans le Connecticut, les fleurs d'un bougainvillier en pot donnent un bel exemple de cette teinte.*

Page ci-contre : *Cette photographie de tulipes 'Angélique' et de pensées a été prise en Géorgie, dans l'Atlanta Botanical Garden. Elle évoque pour moi la mélancolie de l'amour perdu.*

Nous croyons voir des arbres, des chemins, du gazon. En réalité, nous voyons des couleurs, des formes et des rapports d'échelle. Tout le reste n'est qu'interprétation. Les impressionnistes, conscients de ce phénomène, ont réalisé de merveilleuses compositions colorées. En s'attachant à reproduire les couleurs sans idées préconçues, ils ont peint la vérité. Leurs couleurs se fondent encore sur la toile sous un soleil centenaire. Elles nous ravissent par leur magie à traduire l'air, la lumière et la brume, et nous apaisent par leur rendu des fleurs et du feuillage.

Pour créer des jardins plus intéressants et mieux profiter de ceux qui existent déjà, il est indispensable d'accorder une attention particulière aux couleurs et à leur emploi, de savoir dans quelles circonstances elles s'accordent ou détonnent, quelle signification elles ont pour nous et comment elles influent sur notre humeur.

Il existe plusieurs façons de classer les couleurs et, en premier lieu, la gradation du violet au rouge qui correspond au prisme de l'arc-en-ciel. Il faut également prendre en compte leur valeur, du plus foncé au plus clair en fonction de la présence plus ou moins importante de noir. Les couleurs peuvent être aussi associées à des états d'âme (par exemple, le pourpre foncé à la morosité et le jaune vif à la gaieté). Enfin, on peut les classer en fonction de leur « chaleur », du bleu pâle au rouge vif.

Dans le jardin, l'un des principaux critères de jugement des couleurs est leur visibilité. Chaque couleur possède une intensité propre, qui correspond à son éclat sous une lumière moyenne. Le jaune est la couleur la plus visible, suivi du jaune-orangé. Le jaune vert et l'orange sont d'intensité équivalente, suivis par le rouge-

orange, le rouge, le vert, le bleu-vert, le rouge-violet, le bleu, le bleu-violet et le violet. Selon une règle de jardinage établie, il faut séparer des zones de visiblité – ou d'intensité – équivalente par des surfaces contrastées de feuillage plus clair ou plus sombre, selon les cas. On peut par exemple placer entre des soleils (*Helianthus*) et des *Coreopsis* jaune vif un pin mugho vert foncé, ou intercaler un pied d'armoise (*Artemisia*) au milieu de plantes à feuillage sombre.

Cependant, on ne contemple jamais un jardin sous une lumière uniforme : la lumière varie sans cesse, de la lueur diaphane de l'aube à l'éclairage violacé annonciateur de l'orage. La qualité et la quantité de lumière dans un jardin influent beaucoup sur son atmosphère et modifient l'importance relative des couleurs.

A la fin d'un bel après-midi d'été, lorsque le soleil décline, la lumière prend des teintes chaudes. L'éclat est moins fort, les rehauts s'estompent peu à peu. Les jaunes s'adoucissent et virent à l'abricot tandis que les verts du feuillage deviennent plus foncés et profonds. Les rouges s'assombrissent nettement à mesure que la lumière faiblit. Le soleil se couche. Les tons bleus, lavande et violets semblent tout à coup plus distincts, parfois de façon impressionnante. J'ai pris conscience pour la première fois de ce phénomène en me promenant un soir entre chien et loup dans la partie de mon jardin où j'ai planté des vivaces. Le long d'une allée, un massif de campanules (*Platycodon grandiflorum* 'Blue') était en fleurs.

Dans le jour faiblissant, les corolles en forme de clochettes ressortaient avec une grande intensité. Par la suite, j'ai remarqué que c'était vrai de toutes les fleurs bleu-violet et violettes.

Cette modification de la perception est liée au fonctionnement de l'œil humain. Lorsque la lumière traverse l'œil, elle forme une image sur la rétine. Celle-ci comporte deux types de cellules photosensibles, les bâtonnets et les cônes. Les premiers permettent à l'œil de percevoir l'intensité lumineuse mais pas de distinguer les couleurs. Les seconds réagissent en revanche aux différentes longueurs d'ondes des couleurs ; ils sont plus sensibles à la lumière du jour et leur efficacité diminue à la tombée de la nuit. A mesure que l'heure avance, nous voyons donc moins les couleurs et nous percevons mieux l'intensité : grâce aux bâtonnets, nous pouvons encore voir les formes et discerner la lumière des ombres mais les cônes ne distinguent plus les longueurs d'ondes.

Dans le spectre de la lumière visible, la longueur d'ondes varie de 4 000 angstroms (pour le bleu) à un peu moins de 10 000 angstroms (pour le rouge). La sensibilité maximale de la rétine se situe autour de 5 500. Au crépuscule, elle se déplace vers le bleu (longueur d'ondes plus courte) à environ 5 000 angstroms. Voilà pourquoi les rouges s'assombrissent et les bleus semblent plus éclatants.

Cette connaissance des lois de l'optique peut se révéler très utile : il est par exemple plus judieux de placer les plantes à fleurs bleues et lavande dans un endroit situé près d'un lieu de passage le soir et à mi-ombre dans la journée. Inversement, on réservera les emplacements ensoleillés aux couleurs chaudes, et en particulier aux rouges profonds des roses.

CI-DESSUS : *Etant donné que le bleu violet devient nettement plus lumineux au crépuscule, il est astucieux de le placer près de la maison. Dans un jardin privé, situé à Chipping Camden en Grande-Bretagne, on a planté des campanules violettes parmi les* Heuchera sanguinea *pour guider les visiteurs à la tombée de la nuit.*

PAGE CI-CONTRE : *Le violet peut aussi être très atténué, comme le montre ce* Ceanothus *du jardin de Mme d'Andlau à Remalard, qui crée une harmonie subtile des tons. Le décor serait moins réussi si la teinte des volets était plus vive que celle de la plante.*

CI-DESSUS : *La perception d'une couleur varie en fonction de celles qui sont à proximité. Près des roses jaune clair, le vert moyen des feuilles de ce rosier 'Fruhlingsgold' paraît plus clair qu'il le serait près de roses cramoisies.*

CI-DESSUS : *Cette magnifique bordure, à Hadspen Garden en Grande-Bretagne, est née d'une parfaite connaissance des plantes, des fleurs et des harmonies chromatiques. La note est donnée par le bel orange des pavots d'Orient (*Papaver orientale *'Henfield Brilliant'). Les roses jaune orangé soutiennent la mélodie tandis que l'hélianthème à port nain (*Helianthemum nummularium*) chante en sourdine.*

CI-DESSUS : *Sous les rayons du soleil en contrejour, le feuillage de l'érable du Japon (*Acer palmatum*) rougeoie. L'effet est complètement différent lorsque le soleil est haut dans le ciel ; au crépuscule, les feuilles virent vers un rouge sombre et brouillé.*

CI-DESSUS : *Les teintes chaudes de la terre cuite s'harmonisent parfaitement avec les fleurs aux couleurs fraîches, tel ce liseron (*Convolvulus mauritanicus*).*

Pages 32-33 : *Le vert paraît plus sombre en compagnie de fleurs violettes ou bleu foncé, telles que les géraniums, les lupins, les iris et les* Nepeta mussinii, *comme le démontre ces vues du jardin de Levans Hall, à Kendal en Grande-Bretagne.*

COMMENT CRÉER DE SUPERBES EFFETS DE COULEURS

Les couleurs de la palette d'un peintre sont très différentes de celles de la lumière colorée. Les couleurs primaires des pigments sont le rouge, le jaune, et le bleu alors que celles de la lumière sont le rouge, le violet et le vert. Si l'on mélange les pigments de l'artiste, on obtient un brun terne. En revanche, si l'on projette les primaires de la lumière sur le même point d'un écran, on obtient une lumière blanche. Il existe enfin les primaires de la perception visuelle, qui sont le rouge, le jaune, le vert et le bleu. Ce sont les couleurs que perçoit notre rétine. A partir d'elles, le cerveau reconstitue toutes les autres. Il est important de les connaître lorsqu'il s'agit de créer des harmonies chromatiques dans un jardin.

Mélangées, les primaires de la vision donnent les couleurs suivantes :

- Rouge et jaune : orange ;
- Jaune et vert : vert feuillu ;
- Vert et bleu : turquoise ;
- Bleu et rouge : violet ;
- Rouge, bleu et jaune : brun rouge ;
- Rouge, jaune et vert : brun jaune ;
- Jaune, vert et bleu : brun vert ;
- Vert, bleu et rouge: brun bleuté ;
- Toutes les couleurs : noir.

Notez que lorsqu'on mélange trois primaires, on obtient les tons de la terre, du feuillage, des écorces et des roches.

Dans un jardin, il faut tenir compte également des effets d'optique. Les couleurs complémentaires semblent plus éclatantes lorsqu'elles sont proches que vues séparément, grâce au phénomène de contraste successif. Notre œil les perçoit plus intenses et accentue leurs différences. Ainsi, le jaune est plus jaune, le violet plus violet lorsque les deux couleurs se côtoient.

Un phénomène apparenté, le contraste simultané, se produit lorsque deux couleurs voisines s'altèrent légèrement en se colorant de leur complémentaire. Lorsqu'on regarde fixement une couleur intense, saturée, elle s'entoure progressivement d'un halo de sa complémentaire. Grâce à ce même phénomène, la couleur complémentaire peut apparaître en image persistante. Si, après avoir regardé longuement une image aux couleurs primaires, on détourne rapidement le regard vers une surface de couleur neutre, une image persistante apparaît dans des couleurs complémentaires de l'original. Ceci explique pourquoi l'artiste Jasper Johns a peint un drapeau américain orange, blanc et vert : son image persistante est bleue, blanche et rouge !

La tonalité d'une couleur peut être modifiée lorsqu'on l'associe avec d'autres. Ainsi, le vert paraît plus chaud à proximité du jaune et plus visible qu'à côté du bleu. N'oubliez pas que la plupart du temps, les couleurs des fleurs ne sont pas pures. Les fleurs de pommier, par exemple, sont légèrement rosées ; les fleurs jaune

pâle prennent une teinte proche de celle du beurre lorsqu'elles se trouvent à l'ombre ; les pétales de gaillardes réunissent plusieurs coloris. L'artiste qui souhaite peindre un lis assez ordinaire (*Hemerocallis fulva*) aura recours à toute sa palette pour rendre les ors de sa gorge et les tons délicats des pétales orangés et saumon.

Une harmonie chromatique composée à partir d'un petit nombre de plantes disparaît dès que l'on s'éloigne. Aussi vaut-il mieux placer les massifs de végétaux qui mêlent des coloris subtils près d'un patio ou d'une allée. Les grandes zones de couleur sont visibles de loin, mais à partir d'une certaine distance, elles prennent des tons sourds de bleu ou de gris.

Des études ont montré que dans le monde entier les accords de couleurs provoquent les mêmes réactions : positives quand les couleurs s'accordent et négatives quand elles détonnent.

En règle générale, les teintes voisines sur le cercle chromatique s'associent bien. Plus elles sont éloignées, plus leur contraste est marqué, jusqu'à ce que l'on parvienne à la couleur complémentaire. En proportions égales, les complémentaires provoquent de violents contrastes mais il est possible de les harmoniser de deux façons : soit en atténuant l'une des deux avec du blanc pour la rendre pastel, soit en dosant leurs proportions respectives et en utilisant l'une pour mettre l'autre en valeur. La juxtaposition d'une plate-bande de pavots de Californie (*Eschscholtzia californica*) orange vif à une plate-bande de *Lobelia* d'un bleu profond éprouverait certainement nos rétines. Imaginons maintenant ce bleu près d'une rangée de rosiers aux fleurs crème. Adouci par son mélange avec le blanc, qui le rend pastel, l'orange des pavots se marie alors parfaitement avec ce bleu dense. On peut aussi imaginer un seul *Eschscholtzia* se pavanant au milieu d'un massif de *Lobelia* : il crée un contraste qui met en valeur l'aplat monochrome. Cette règle générale n'est cependant pas

PAGE CI-CONTRE, EN HAUT : *Ce paysage étrange, situé dans le jardin tropical d'Huntington Gardens, à San Marino en Californie, est planté de plusieurs sortes d'aloès. Ce sont les cousins de l'*Aloe vera *qui ornent souvent les rebords des fenêtres en Europe. Ils prennent des formes différentes mais leurs fleurs ont toujours des tons orangés et rouges caractéristiques.*

PAGE CI-CONTRE, EN BAS : *Les plantes qui permettent une variation monochrome vont bien ensemble, surtout si leurs formes sont intéressantes et variées. Dans ce jardin privé du Connecticut, le thème chromatique est basé sur les couleurs de terre. Il est illustré en bas par les fleurs séchées d'un* Hydrangea quercifolia *et repris plus haut, un peu différemment, par les plumets des* Miscanthus *et à droite par les épis pastel de* Cimicifuga racemosa.

A DROITE : *La couleur a le pouvoir d'émouvoir, et les jardins blancs provoquent toujours un effet paradoxal : exubérants dans leurs formes et silencieux par leur couleur. On voit ici le jardin blanc de Mme Hendricks, à Atlanta en Géorgie, qui est d'une beauté exceptionnelle. Mis en valeur par des tulipes 'Maureen', un* Deutzia gracilis *ouvre au premier plan ses fleurs étoilées sur des rameaux courbés. Au-dessus, les rameaux d'une viorne (*Viburnum macrocephalum*), sont alourdis par de grosses boules de fleurs.*

Ci-dessus : *Dans les Butchart Gardens, à Victoria au Canada, une accumulation de bégonias, de pétunias, de pélagorniums, de verveines et de fuchsias sous une jardinière plantée de bégonias tubéreux crée une impression d'abondance gourmande et d'énergie insouciante.*

absolue. L'introduction d'une fleur blanche pour créer un ton pastel provoque parfois un effet visuel désagréable. Voisins sur le cercle chromatique, le rouge et l'orange, par exemple, sont deux coloris chauds qui s'accordent bien. En revanche, si l'on mélange le rouge à du blanc pour obtenir un rose clair et léger, on ne pourra plus y associer d'orange. Le rose plus délicat appelle un bleu léger ou lavande apaisant. Certains tons sont toujours en opposition : le rose et l'orange, le vert jaune clair et le pourpre. Ils créent des contrastes violents et ne doivent être juxtaposés qu'en connaissance de cause.

J'ai pris un jour conscience d'une règle importante dans le domaine de la couleur aux floralies de Philadelphie. En observant les alignements de compositions florales prêtes à être jugées, je fus frappé de constater qu'elles étaient toutes fondées sur le même principe de base : chaque fleur était de la même teinte que sa voisine ou comportait l'un de ses coloris. Outre leurs qualités esthétiques, les bouquets prenaient de ce fait une certaine cohérence. Les jolies fleurs roses de la potentille 'Miss Willmott', par exemple, sont très jolies à côté du bégonia tubéreux 'Red Picotee' parce que leur cœur rouge sombre est parfaitement assorti aux bords jaspés des bégonias blancs.

Comment coordonner les couleurs de terre – les ombres, les bruns, les ocres, les verts bruns, les verts jaunes et les terres brûlées ? Ce sont les teintes des feuilles, de la terre, des pierres et des feuilles mortes. Elles servent à séparer les couleurs franches, et la plus importante de toutes est le vert.

Lorsque nous regardons la campagne, ou notre jardin, nous voyons avant tout du vert ; les autres couleurs sont disséminées ici et là. Le vert les isole, évite les discordances de tons, met en valeur les massifs tout en créant une atmosphère de sérénité et de repos. Pour chaque couleur primaire qui trouve place au jardin, il doit y avoir une centaine de tons différents de vert. En outre, la période de floraison n'excède généralement pas quelques semaines dans l'année, ce qui fait que même les plantes qui fleurissent sont vertes la majeure partie du temps.

Voilà pourquoi le fait d'assembler les plantes en fonction des coloris de leur feuillage constitue une bonne stratégie. Si l'on prévoit des harmonies de feuillage en se préoccupant en second lieu de la couleur, le jardin sera beau tout au long de la saison. Tout miser sur les teintes des fleurs, sans prendre suffisamment en considération leur feuillage, donne des résultats imprévus – et souvent décevants.

Les harmonies entre les feuillages se mettent en place presque automatiquement, puisque ceux-ci sont en majorité dans des tons de vert. C'est l'intensité des tons qui varie selon les plantes. Choisissez au hasard dans un jardin une bordure d'arbustes ou dans un sous bois un endroit où poussent plusieurs variétés de plantes herbacées. Regardez la scène en fermant légèrement les yeux, jusqu'à ce que les masses commencent à devenir floues. Vous verrez mieux ainsi les différences d'intensité et vous remarquerez que certains feuillages restent vert vif et que d'autres, plus sombres, semblent absorber la lumière. Les feuilles foncées du marronnier d'Inde (*Aesculus hippocasanum*) ne renvoient pas la lumière, alors que celles du virgilier (*Cladastris lutea*), vert jaune, paraissent très lumineuses. Les feuillages pourpre absorbent beaucoup la lumière, contrairement auxs feuillages gris vert ou vert argenté.

En mélangeant des feuillages argentés, bleu-vert ou blancs, on éclaire la masse de verdure et l'on rompt la monochromie sans pour autant perturber l'harmonie des tons. Ainsi, lorsque vous choisissez des arbustes et autres plantes permanentes, comme des vivaces pour une bordure, classez-les en fonction de la valeur de leur feuillage et mélangez-les. Placez à l'arrière-plan celles d'un vert moyen et plantez autour des plantes aux feuillages clairs ou sombres. Ces variations du vert clair au vert foncé contribuent à fixer l'atmosphère d'un jardin. Pour éviter l'effet artificiel provoqué par des plantations trop régulières, placez-les en quinconce en cherchant à donner un aspect naturel à l'ensemble.

Les couleurs peuvent évoquer des états d'âme. Un dessin au trait aura un aspect complètement différent selon la couleur du crayon choisi. Si les impressionnistes ont montré que la couleur est la composante visuelle de la réalité matérielle, les expressionnistes ont prouvé qu'elle révèle également la réalité intérieure et psychologique. Cette couleur-là n'est pas celle qui nous entoure. Pour s'en persuader, il suffit de penser à la peinture d'Ernst Kirchner, aux tons olivâtres de ses visages décomposés, à son emploi coléreux, déchirant du rouge. Ses toiles sont le reflet d'une âme tourmentée et non de la réalité. Nous savons depuis toujours qu'une couleur peut à elle seule exprimer un sentiment : le rouge la colère, le bleu la tristesse, le jaune la gaieté, le blanc la pureté et le noir le mystère et le deuil ; les sentiments plus complexes peuvent être rendus par une association de couleurs.

Il est possible de préparer un jardin de fleurs de façon à ce qu'il suggère un état d'âme et il est intéressant de dessiner l'espace et de sélectionner les plantes. Le seul danger réside dans un traitement trop littéral qui nuira à l'aspect final

CI-DESSUS : *Atténué, le magenta peut devenir le joli rouge-rose de cette bruyère (*Erica carnea *'Pirbright Rose') placée sous un rhododendron 'Rose Blewett'. Son impact visuel en est alors transformé. Cette photographie a été prise dans le jardin botanique Van Dusen à Vancouver, au Canada.*

CI-DESSUS : *L'exubérance des* Cosmos bipinnatus *d'un rose éclatant fait oublier leur absence de subtilité. Quoi qu'il en soit, il vaut toujours mieux reléguer ces tons au fond du jardin.*

PAGE CI-CONTRE : *Une harmonie chromatique répétée crée un méli-mélo de couleurs qui évoque les* cottage gardens*, où la priorité est donnée aux teintes fortes sans se préoccuper vraiment des emplacements ni de schémas formels. Ces effets gais et colorés plaisent aux maîtres coloristes, comme le prouve cette vue du jardin de Claude Monet à Giverny.*

du jardin. Dans un grand jardin, on peut employer de grandes masses de couleurs franches. Un lieu plus intime, en revanche, nécessite un choix et un emploi des couleurs plus sûrs si l'on ne veut pas qu'il devienne criard. Montrez-vous par conséquent subtil dans les petits jardins et téméraire dans les grands espaces. Les jolies clochettes rose pâle de la saxifrage (*Bergenia cordifolia*) émergeant au printemps au-dessus d'un nuage de myosotis bleus, ou des roses crème voisinant avec un plumbago du Cap bleu pâle évoquent pour moi l'espérance. L'association du feuillage sombre et des fleurs bleu violet du casque-de-Jupiter (*Aconitum napellus)* avec des fougères et les panicules duveteuses bleu lavande du pigamon (*Thalictrum aquilegifolium*) traduit bien quant à elle les tourments du romantisme.

J'aime m'inspirer d'un film pour imaginer le thème d'un jardin. *Casablanca*, par exemple, montre des personnages animés par des sentiments intenses et désespérés. Le héros, incarné par Humphrey Bogart, est un homme secret chez qui l'on sent pourtant une déchirure intérieure. A la fin du film, il se sacrifie et laisse partir la femme qu'il aime. Pour retrouver dans un jardin cette atmosphère particulière, on peut adopter un point de vue réaliste et recréer derrière la maison l'ancienne casbah à partir de murs blancs, de sable et de cactées.

On peut aussi procéder différemment, en donnant libre cours à son imagination et en cherchant une interprétation poétique et non plus littérale du thème de la chaleur et du désespoir : le puissant jasmin de Virginie, dont les fleurs orangées s'épanouissent sous le soleil brûlant de l'été, est capable de faire s'écrouler un mur. Le bourreau des arbres (*Celastrus scandens*) sied peut-être mieux encore : ses capsules jaune orangé révèlent en s'ouvrant des graines d'un rouge éclatant au moment où l'été a déjà perdu de son éclat.

On peut donner plus de théâtralité à cette ambiance grâce à des touches de peinture : imaginons le *Celastrus scandens* escaladant un mur blanc vers une fenêtre, dont le cadre est peint du même vert clair que le feuillage, et le rebord du même rouge que les baies.

On ne dispose pas toujours du temps nécessaire pour réaliser des mises en scène aussi élaborées, mais le fait de suivre dans un décor floral son inspiration jusque dans les moindres détails donne des résultats qui récompensent largement la peine que l'on s'est donnée. Il est vrai que le fait de coordonner le bâti de la fenêtre aux feuilles du *Celastrus scandens* ne rendra pleinement son effet que quelques semaines à l'automne, mais pendant ces quelques semaines cet endroit du jardin sera une véritable œuvre d'art.

Etant donné que la gamme des coloris dans un jardin est pratiquement infinie, les possibilités d'harmonies chromatiques le sont également. Chaque fois que vous remarquez un accord de couleurs particulièrement réussi dans un jardin, un tableau ou une revue, notez-le.

HARMONIES DE COULEURS : STRATÉGIES ET SUGGESTIONS

Pour employer avec succès la couleur au jardin, il faut non seulement avoir l'œil d'un coloriste mais aussi le savoir-faire d'un horticulteur, d'un agronome, d'un spécialiste de la lutte contre les animaux nuisibles, d'un agriculteur, d'un jardinier, d'un paysagiste, et d'un expert en irrigation.

Lorsqu'il s'agit d'associer les couleurs, seule votre opinion compte et ce qui vous plaît conviendra à votre jardin.

Les plans trop délirants, en revanche, sont souvent malheureux ; par conséquent, si vous souhaitez faire plaisir aux autres en même temps qu'à vous-même, il vous faudra garder à l'esprit certaines règles de base.

• Employée à petite dose, une couleur intense met en valeur une étendue de tons pastel. Une seule touffe de monarde (*Monarda didyma*) rouge vif suffit par exemple à égayer un parterre d'achillée (*Achillea taygetea* 'Moonshine'). On accentuera le bleu lavande de la glycine par des tulipes rouges 'Red Emperor'.

• Les tons pastels ont tendance à se fondre les uns dans les autres. Dans un parterre, on peut par exemple faire plusieurs plantations en forme de croissants imbriqués de façon à ce que les fleurs se mêlent à leurs voisines. Voici quelques-unes des meilleures associations de tons pastel pour une bordure de vivaces :

cœurs-de-Marie (*Dicentra spectabilis*) roses et polémoines (*Polemonium reptans*) bleus ;

Myosotis sylvatica bleus et corbeille d'or (*Alyssum saxatile*) jaune ;

hémérocalles jaunes et lupins (*Lupinus polyphyllus*) bleu lavande ;

Perovskia atriplicifolia lavande et monarde (*Monarda didyma* 'Croftway Pink') rose.

• Le rouge et l'orange « ressortent » visuellement ; le vert est neutre et reposant ; les bleus et les violets ont tendance à « reculer » par rapport aux autres couleurs. On peut ainsi créer l'impression que le jardin est plus profond en disposant des fleurs rouges au premier plan et bleues au fond ; inversement, on fera paraître le jardin plus étroit en plantant les plantes à fleurs bleues devant et à fleurs rouges à l'arrière-plan.

CI-DESSUS : *Le rouge et l'orange ressortent nettement, comme le démontre ce massif de tulipes 'Gudoshnik' groupé autour d'un bouleau, dans les Roozengaarde Display Gardens de Mount Vernon dans l'état de Washington.*

PAGE CI-CONTRE : *Des couleurs provocantes et un dessin formel font du jardin de Herterton House – créé par Frank et Majorie Lawley à Hartington, en Grande-Bretagne – un lieu empreint à la fois de sensualité et de spiritualité. Il émane du poirier à branches pendantes (*Pyrus salicifolia *'Pendula') une énergie très forte, qui contraste avec la fantaisie des bordures plantées de désespoir du peintre (*Saxifraga umbrosa *'Elliott's Variety').*

• Certaines fleurs ont des pétales multicolores. Pour choisir les fleurs que vous planterez à côté, reprenez l'un ou l'autre de ces tons. On peut ainsi faire voisiner des lis (*Hemerocallis fulva*) avec par exemple un *Heliopsis scabra* 'Karat' jaune d'or, dont la teinte principale reprend l'un des coloris secondaires des lis.

• Lorsque vous composez des associations chromatiques, soulignez les couleurs intenses par de grands aplats de fleurs de valeur moins intense ; avec le jaune, utilisez un citron clair ou un coquille d'œuf ; avec le rouge, un rose ou un carmin très clair ; avec l'orange, un ton crème ou chamois. Mettez-les en valeur par quelques touches de bleu vif, d'une clématite (*Clematis heracleifolia*) ou d'un bleuet par exemple. Pour le bleu, employez des couleurs récessives (pourpre, brun rouge ou violet foncé), avec des accents de jaune vif ou d'écarlate.

Ci-dessus et à gauche : *L'armoise aux feuilles argentées (*Artemisia ludoviciana*) pousse en compagnie d'une scabieuse rose dans le jardin de Penny Vogel à Estacada, dans l'Oregon (en haut). On retrouve une harmonie de couleurs identique, mais avec une mise en scène diffente, dans la photo ci-contre à gauche, où l'armoise voisine avec des lavatères à grandes fleurs (*Lavatera trimestris*) dans le Gianangelo Herb Garden de l'île de San Juan, dans l'état de Washington.*

Page ci-contre : *Le vert bleuté est une couleur apaisante et discrète, comme en témoignent les chaises de style Adirondack et les treillages du jardin de Lisa Stamm, à Shelter Island, dans l'état de New York.*

LES COULEURS ET LES AUTRES SENS

Les noms que nous attribuons aux couleurs primaires sont spécifiques et uniques. En revanche, les teintes obtenues à partir de leur mélange portent très souvent le nom d'éléments naturels ou ayant trait aux autres sens : orange, olive, abricot et prune ; corail, saumon ; rose, lavande et lilas ; turquoise, émeraude, saphir, rubis ; ocre, gris ardoise et sable.

D'agréables parfums – rose, lilas, violette, café, orange, et vanille – et saveurs – orange, citron, chocolat, bordeaux, et cerise – sont étroitement associés à certaines couleurs. Baudelaire a écrit :

Il est des parfums frais comme des chairs d'enfant,
Doux comme les hautbois, verts comme les prairies

Cette association des couleurs avec les arômes et les goûts peut nous aiguiller vers des harmonies chromatiques intéressantes dans un jardin. Le goût du chocolat se marie bien avec celui de la vanille. De la même manière, les fleurs couleur chocolat (et qui sentent le chocolat !) du *Cosmos atrosanguineus* s'accordent parfaitement aux feuilles vanille du cinéraire maritime (*Senecio cineraria*). L'orange et le citron constituent un mélange réussi en sorbets mais aussi au jardin : un massif de *Coreopsis verticillata* 'Moonbeam' est superbe à proximité des accents rouge orangé du *Crocosmia pottsii*.

Différents types de sons également

Ci-dessus : *Les feuilles du* Weigelia *'Looymansii Aurea' sont de la même couleur que le citron vert. Cette vue a été prise à Bosvigo House, dans le jardin de M. et Mme Perry, à Truro en Grande-Bretagne.*

Page ci-contre : *Les couleurs changent selon l'heure de la journée. En fin d'après-midi, dans ce jardin dessiné par Isabel Green à Santa Barbara en Californie, le soleil descend vers l'océan ; les arbres, illuminés en contrejour, semblent entourés d'un halo émeraude. Les rouges s'assombrissent, le jaune perd son éclat et le* Convolvulus *bleu-violet situé au premier plan commence à luire dans le crépuscule.*

Pages 46-47 : *Comme on le voit ici dans le Donald M. Kendall Sculpture Garden, à Purchase dans l'état de New York, il arrive un moment où le jour s'éteint et où toutes les couleurs du jardin se ternissent.*

sont liés à des couleurs. On parle par exemple de « note bleue » dans le blues et un célèbre standard de jazz s'intitule *Mood Indigo*. Les termes employés pour décrire les couleurs – chromatique, nuance, harmonie, dissonance… – sont directement empruntés au vocabulaire musical. La tonalité, par exemple, représente aussi bien les caractéristiques d'une voix (son timbre, sa hauteur) que l'impression générale produite par un ensemble de teintes. Au cours des siècles, de nombreux musiciens et théoriciens de la couleur ont imaginé des systèmes qui assignaient une couleur aux différentes notes de la gamme. Le plus simple d'entre eux fut mis au point à partir des notes de la gamme diatonique par Isaac Newton :

Couleur	Note
rouge	do
orange	ré
jaune	mi
vert	fa
bleu	sol
indigo	la
violet	si

Selon ce système, il devient possible d'établir une composition de végétaux à partir d'une simple mélodie. On peut également s'amuser à transcrire dans son jardin l'air d'une de ses chansons favorites.

Alexandre Scriabine, célèbre compositeur russe du siècle dernier, inventa quant à lui le « clavier de couleurs » à partir de la gamme chromatique, composée de demi-tons successifs. Il reposait sur les associations suivantes :

Note	Couleur
do	rouge
ré bémol	violet
ré	jaune
mi bémol	métallique
mi	bleu clair
fa	rouge foncé
fa dièse	bleu vif
sol	orange rosé
la bémol	pourpre
la	vert
si bémol	métallique
si	jaune pâle

Ce système, plus complexe que le précédent, permettra de recréer dans le jardin des airs plus élaborés ou des accords, en reproduisant les notes par les couleurs correspondantes des fleurs ou du feuillage.

La vue et l'ouïe sont toutes deux basées sur des phénomènes vibratoires, dont la perception dépend de nos organes sensoriels. La couleur naît d'ondes lumineuses et le son de vibrations de l'air. En tant que tels, la couleur et le son ne sont pas tant des matières que des qualités de la matière. La couleur d'une fleur est indissociable de la fleur, mais elle apparaît à l'œil comme le résultat de l'absorption et de la réflection différentielles de la lumière par la fleur. De manière similaire, le son n'est perçu que lorsque les vibrations parviennent au limaçon de notre oreille.

Puisque les couleurs existent « à l'intérieur » plutôt qu'« à l'extérieur », elles varient en fonction de notre perception. Elles paraissent ainsi très différentes selon l'heure de la journée ou le temps qu'il fait. De même, elles seront modifiées par leur proximité avec d'autres teintes ou notre humeur.

En raison de sa neutralité, le blanc peut créer des effets divers dans un jardin. Sous le soleil, il intensifie les couleurs qui l'environnent. A mi-ombre, il ressort au détriment des autres couleurs. En pleine ombre, il éclaircit les zones obscures et les verts foncés qui l'avoisinent et se détache encore plus nettement. Prenons un exemple : dans la région de Washington, aux États-Unis, le *Cimicifuga racemosa* pousse à l'état sauvage. A l'ombre, ses grands épis blancs luisent comme des chandelles. Leur effet est très théâtral lorsque l'ombre est épaissie par un soleil éclatant, mais beaucoup moins saisissant sous un ciel brouillé qui diffuse la lumière et adoucit les contrastes entre les zones éclairées et ombragées de la forêt.

Le blanc est présent dans les fleurs mais aussi dans le feuillage qui est, selon les cas, gris, argenté ou blanc. Certaines plantes, comme certains cultivars des *Hosta*, ont un feuillage vert panaché de blanc et ces striures provoquent le même effet qu'un feuillage entièrement blanc.

Ci-dessus : *Au pied d'un arbre des Deepwood Gardens, à Salem dans l'Oregon, la* Viola glabella *aux fleurs jaunes, la grande pervenche (*Vinca major*) aux fleurs violettes et le buis (*Buxus sempervirens*) forment une masse compacte et l'on distingue à peine leurs différents feuillages.*

LES FEUILLAGES DÉCORATIFS

Etant donné que le jardin reste vert pratiquement toute l'année, il vaut mieux pour l'harmonie générale que les différents tons de vert intensifient les taches de couleur apportées par les fleurs. Trop souvent, les jardiniers focalisent leur attention sur les fleurs et leurs coloris sans planifier l'emplacement de la verdure, alors que le vert unifie les divers éléments et, à ce titre, mérite une attention toute particulière.

Les coloris du feuillage varient du vert très sombre au vert jaune très clair. La plupart des feuilles, cependant, sont d'un vert moyen, franc et gai. Certains feuillages sont à dominante de blanc ou de bleu, en passant par le gris argent et le vert bleu, ou de bronze et de rouge, ou bien encore de jaune pâle à jaune d'or, sans compter toutes les combinaisons des feuillages panachés.

Lorsque l'on pense à un jardin, on imagine la plupart du temps des fleurs, des allées, des arbres et, dans un deuxième temps seulement, des feuilles, alors qu'en réalité il est essentiellement constitué de feuillages. De belles associations de feuillages suffisent à composer un jardin réussi. L'*Hakonechloa macra variegata* 'Aureola' panaché – plante aux allures de graminée japonaise d'une beauté exceptionnelle – préfère un emplacement légèrement ombragé où elle s'accorde parfaitement avec les grandes feuilles lisses des *Hosta* et les feuilles en forme de frondes du *Polemonium reptans*. Une telle combinaison, conçue en fonction du feuillage et des textures, est plus intéressante en dehors de la période de floraison qu'au printemps, lorsqu'apparaissent les clochettes bleues du *Polemonium reptans*. Les mélanges de feuillage fonctionnent mieux avec certaines couleurs de fleurs qu'avec d'autres.

Le plaisir esthétique que nous procure la perception visuelle naît le plus souvent des relations entre les coloris et non d'une seule couleur. Chez les oiseaux, ce sont les tiges vermillon qui ravivent les plumes brun sombre du colapte cuivré. Le bleu du *Phlox divaricata* rafraîchit les blancs printaniers, et les lis or pâle sont encore plus émouvants lorsqu'ils sont entourés de masses ondoyantes d'armoise (*Artemisia ludoviciana albula*) et rehaussés des accents bleu intense du lin (*Linum perenne*). Il ne s'agit pas seulement de connaître nos couleurs favorites, mais aussi nos associations de couleurs favorites.

Lorsque je planifie un jardin, je prépare un assemblage de couleurs à partir d'une combinaison que j'affectionne particulièrement – par exemple un jaune champagne et un vert jade – créée à partir d'un rosier de Banks et d'un *Pittosporum crassifolium*, deux végétaux qui poussent bien ensemble. A ce duo j'ajoute d'autres couleurs ; le vert a besoin d'être placé en contraste avec une plante sombre, par exemple un conifère comme le pin mugho ou une vivace comme l'hellébore (*Helleborus orientalis*).

Voici quelques indications très générales pour vous aider à créer des combinaisons de fleurs et de feuillages :

• Vert moyen. C'est la couleur de feuillage la plus courante, qui s'accorde bien avec presque tous les coloris de fleurs. Il est souvent associé au jaune vif et la seule mise en garde que l'on puisse faire est de limiter ce mariage, un peu trop fréquent à mon goût.

• Vert foncé. Parmi les vivaces herbacées, deux aconits possèdent des feuilles d'un vert très foncé : *Aconitum napellus* et *Aconitum carmichaelii*. Parmi les végétaux courants, on peut citer les ifs, l'acanthe, le houx, le *Cotoneaster*, certains *Hosta*, rhododendrons et la plupart des conifères à aiguilles. Ces plantes à feuillage sombre créent des fonds pour les végétaux à feuillage plus clair et pour les fleurs au coloris tendre, et en particulier le blanc, avec lequel elles s'associent bien. Les bleus, pourpres, verts bleutés et violets sombres sont beaucoup moins visibles lorsqu'ils se trouvent à proximité de feuillages foncés. Le rouge profond, les tons orangés et jaunes ressortent bien sur les feuilles sombres, qui mettent également en valeur les teintes claires et pastel, y compris du bleu.

• Vert vif. On peut citer le *Catalpa*, les variétés de gazon, le *Myosotis sylvatica*, l'orpin (*Sedum spactabile*), de nombreuses tulipes et d'innombrables autres plantes. Ce vert se marie bien avec l'orange, le jaune pâle, les rouges foncés et bordeaux, le bleu lavande clair et le bleu vif. Le violet, le pourpre et le lavande foncé se voient moins lorsqu'on les place à proximité d'un feuillage vert vif, de même que les fleurs blanches.

• Vert argenté et vert gris. Certains genévriers, les armoises (*Artemisia*), le chalef (*Elaeagnus* 'Coral Silver'), la santoline (*Santolina*), l'achillée (*Achillea*), le céraiste (*Cerastium tomentosum*), la lavande, la coquelourde des jardins (*Lychnis coronaria*), l'herbe aux chats (*Nepeta faassenii*), la rue (*Ruta graveolens*), la sauge argentée (*Salvia argentea*), le molène (*Verbascum*), quelques orpins (*Sedum*), les joubarbes (*Sempervivum*), le cinéraire maritime (*Senecio cineraria*), le *Stachys byzantina* et la véronique (*Veronica incana*) sont des végétaux courants au feuillage argenté, blanc ou gris. Ils sont très utiles pour séparer des zones de couleurs différentes, pour créer un contraste avec des végétaux au feuillage foncé et pour être combinés aux couleurs vives et

CI-DESSUS : *Peu de végétaux possèdent autant de variétés de feuillages panachés que les* Hosta, *et parmi eux, la variété 'Gold Standard' est particulièrement intéressante, associée à des* Impatiens *d'un blanc pur dans les Pine Meadow Gardens de Southbury, dans le Connecticut.*

PAGES 50-51 : *Des masses de feuillage luxuriant vert et or caractérisent le jardin de Frank et Marjorie Lawley à Herterton House, à Hartington en Grande-Bretagne. Les propriétaires ont fait preuve d'originalité et planté dans les creux qui séparent les touffes de verdure des massifs de couleur pure. Des iris, des pensées et des pavots apportent des notes rouges et bleues qui ressortent particulièrement sur cet arrière-plan de feuillages. Remarquez l'absence de fleurs jaunes, dans ce cas superflues puisque cette couleur est déjà présente dans certains feuillages.*

Ci-dessus : *Parfois, ce n'est pas la couleur en elle-même mais les rapports entre les couleurs qui créent la beauté d'un jardin. Chez Geoff Beasley, à Sherwood dans l'Oregon, les tons rose vif, magenta et fuschia sont accentués par les* Calla *blancs. A gauche, le* Clematis *'Dr. Ruppal' est planté à côté d'un* Geranium sanguineum *cramoisi et d'un* Geranium lancastriense *aux fleurs claires.*

claires. En revanche, leur mélange avec des tons très clairs ou pastel et des fleurs blanches, qui ne ressortent pas bien, est moins heureux. Les coloris très foncés, et en particulier les rouges sombres et les rouges bruns sont embellis par leur contraste avec un feuillage argenté.

• Vert bleuté. L'épicéa bleu (les cultivars de *Picea pungens*) le genévrier (*Juniperus occidentalis)*, les variétés bleues du cyprès de Lawson (*Chamaecyparis lawsoniana*), certains eucalyptus, le *Festuca glauca* et la folle avoine (*Helictotrichon sempervirens*) comptent parmi les végétaux au feuillage bleuté. Ils ont tendance à se fondre dans le paysage mais se marient bien avec les végétaux à feuillage blanc et gris et surtout avec les roses nacrés ou des rouges intenses.

• Bronze, rouge et violine. Parmi les plantes au feuillage allant du bronze orangé au pourpre, on compte l'érable du Japon (*Acer palmatum*), le coudrier (*Corylus maxima* 'Purpurea'), l'arbre à perruques (*Cotinus coggygria* 'Purpureus'), le hêtre (*Fagus sylvatica*) et le prunier myrobolan (*Prunus cerasifera*), le noisetier (*Corylus avellana* 'Fusco-Rubra'), le bugle (*Ajuga reptans*), l'*Astilbe* 'Fanal', les Cannas, le *Lobelia fulgens*, le *Rheum palmatum*, le *Rodgersia pinnata* 'Superba', la sauge (*Salvia officinalis*), le *Pennisetum setaceum* 'Cupreum', le lin de Nouvelle-Zélande (*Phormium tenax*) et l'orpin (*Sedum spurium* 'Dragon's Blood'). Ces végétaux s'associent bien avec les tons contrastés de jaune, turquoise, bleu, blanc et rosés ; les accords sont moins heureux lorsque les teintes des fleurs se rapprochent trop de celles du feuillage.

• Doré. Parmi les végétaux au feuillage jaune vif ou doré, on compte un grand nombre de variétés caduques ou persistantes très courantes : l'érable (*Acer japonicum* 'Aureum'), le robinier faux acacia (*Robinia pesudoacacia* 'Frisia'), le western red cedar (*Thuja plicata* 'Aurea'), le *Chrysanthemum parthenium* 'Aureum', l'*Hakonechloa macra* 'Aureola', plusieurs *Hosta*, un bon nombre de genévriers, le troène (*Ligustrum*) doré, certaines variétés de sauge, d'ifs (*Taxus baccata*), le *Thuja occidentalis* 'Rheingold', etc. Les feuilles dorées forment un beau contraste avec le bleu, du violet foncé au bleu tendre et au mauve. Elles se marient également bien avec le rouge, le rouge foncé, le brun et, ce qui est plus étonnant, avec les fleurs jaunes pour mettre en valeur un thème monochrome. Le feuillage doré s'associe moins bien aux tons orange et crème et pas du tout avec les fleurs blanches, qui perdent toute leur force.

• Panaché : l'érable negundo (*Acer negundo* 'Variegatum'), plusieurs variétés de cornouiller (*Cornus*), le hêtre (*Fagus sylvatica* 'Tricolor'), certains houx et des dizaines d'arbustes et de vivaces possèdent des variétés panachées (souvent appelées 'Variegatum') aux striures blanches ou jaunes. Il est conseillé de les disposer autour de plantes au feuillage vert franc ou sombre, ce qui crée un effet architectural et contribue à définir la structure du jardin. Si vous souhaitez associer des fleurs à des feuillages panachés, travaillez à partir des couleurs des feuilles : des fleurs blanches avec un panaché blanc, des fleurs jaunes avec un panaché jaune, etc. Réservez pour le centre du paysage les couleurs fortes des végétaux au feuillage doré ou au panachage blanc vif (*Acer negundo* par exemple). Employez des feuillages sombres pour faire la transition avec les zones voisines. Le fait de border un décor de plantes aux couleurs vives met en valeur ses limites et l'isole visuellement de son environnement. En revanche, si les bords restent plus flous, le jardin paraîtra plus grand, comme s'il empiétait sur le paysage qui l'entoure.

Pour bien planifier un jardin coloré, je vous conseille de tenir un petit carnet, que vous garderez à portée de main et où vous noterez les plantes et les associations qui vous plaisent.

Il faut beaucoup de temps pour créer des assemblages de couleurs réussis. A la différence d'un peintre à son chevalet, le jardinier qui change la disposition ou la gamme des couleurs doit attendre ensuite que la nature mène à bien ses changements. L'artiste peut, d'un coup de couteau à palette, faire disparaître une couleur gênante alors que le jardinier doit retirer une plante et la remplacer, et il est bien rare que la nouvelle soit déjà en fleur. La transplantation des végétaux exige une période de transition minimum d'un an avant que les racines soient suffisamment développées pour donner une floraison généreuse.

Si ces modifications sont motivées par un problème de couleur, il vaut mieux effectuer la transplantation au début du printemps : la terre n'est plus gelée mais la végétation n'a pas encore repris. En été et en automne, notez quels végétaux auraient besoin d'un nouvel emplacement et, au printemps suivant, mettez-vous au travail. En mars, la terre est plus meuble et la plupart des plantes sont encore en dormance. C'est le moment de changer de place celles qui en ont besoin, en profitant de l'occasion pour diviser les touffes devenues trop importantes.

En général, les végétaux ne souffrent pas d'une transplantation à cette période et leur floraison n'en est pas affectée. Souvenez-vous pourtant que les plantes à racine pivotante détestent être transplantées quel que soit le moment choisi. Les plantes à floraison printanière doivent être changées de place à la fin de l'automne, avant les première gelées.

CI-DESSUS : *Le* Coreopsis verticillata *'Moonbeam' et les Helenium aux fleurs jaune d'or s'accordent bien à la teinte bleutée de la citronnelle. C'est cependant la présence des boules rose foncé de l'ail ornemental (*Allium sphaerocephalum*) qui donne son unité à ce groupement de végétaux, dans un jardin privé dessiné par Tish Rehill et Michael Daughtery à Southhampton, dans l'état de New York.*

PAGES 54-55 : *Dans le jardin de Levans Hall, à Westmoreland en Grande-Bretagne, le regard est attiré par ce mélange de topiaires aux formes surprenantes, de subtiles associations de tons, de lignes strictes et de formes naturelles ondulantes.*

LES FORMES

Ci-dessus : *Lorsqu'on aperçoit les fleurs blanches du lysimaque (*Lysimachia clethroides*), on croirait voir un troupeau d'oies courbant le cou.* Les Astilbe *aux épis roses semblent moins exubérants. Cette photographie a été prise à Long Island, près de New York, dans le jardin de M. et Mme Don Hewitt.*

Page ci-contre : *Les végétaux peuvent avoir des formes complémentaires, comme on le voit dans le jardin d'Anne Carr, à Atlanta en Géorgie, avec les roses jaune pâle d'un rosier de Banks (*Rosa banksiae*) escaladant la tonnelle et le bugle couvre-sol (*Ajuga reptans*) aux fleurs violet foncé et aux tiges dressées.*

Pages 58-59 : *Tous les éléments de cette scène – le tronc et les branches de l'arbre, les allées, la maison – attirent le regard vers la porte d'entrée. Ce jardin, qui appartient à M. et Mme Andrew Norton, se trouve à East Lambrook Manor, près de South Pembroke en Grande-Bretagne. Il appartenait autrefois à Gertrude Jekyll.*

Si certaines formes sont peu signifiantes à nos yeux – celle des objets flottant à la surface de l'eau au moment des marées par exemple – d'autres, en revanche, éveillent en nous de fortes réactions : la forme des aliments lorsque nous avons faim, celle d'une jolie silhouette ou encore celle d'une voiture qui se rapproche sur la route…

La forme définit les objets. On peut considérer qu'elle constitue leur « corps » et la couleur leur « âme ». Grâce aux indications visuelles que nous fournissent le volume et les lignes d'un objet, nous discernons d'abord ses formes. Ensuite, sa couleur et sa texture nous permettent de l'identifier de façon plus précise. Comme nous le verrons plus loin, ces notions sont importantes lorsqu'on conçoit un jardin. L'œil apprécie les volumes par les contrastes entre les surfaces claires et sombres, quelle que soit leur couleur. Lorsque deux objets possèdent une intensité identique, les lignes qui permettent de les distinguer sont peu visibles et leurs volumes se confondent. Il devient difficile de les différencier du fond et d'interpréter leurs formes. En revanche, lorsqu'ils présentent un contraste marqué – dans le cas par exemple d'un chapeau noir posé sur une table blanche –, les lignes sont nettes, les volumes distincts et le premier plan se détache nettement du fond : on reconnaît alors plus facilement ce que l'on voit.

Par certaines illusions d'optique, il arrive que l'objet et le fond « s'inversent » et modifient de ce fait la signification d'une image.

Dans le dessin de bandes dessinées, les objets sont représentés par leurs contours. Le dessinateur ne cherche pas à les reproduire fidèlement ; il simplifie et va à l'essentiel. Son dessin devient une sorte de pictogramme. Le dessin académique, au contraire, repose sur l'observation et le rendu de deux phénomènes : d'une part les jeux de lumière et d'ombre qui créent les formes de l'objet que l'on cherche à représenter et d'autre part les variations des lignes qui définissent son modelé.

De même, dans le jardin, ce sont les valeurs relatives de la lumière et de l'ombre qui nous donnent des indications essentielles sur les formes qui s'y trouvent. Lorsqu'on réunit des arbres et des arbustes parce que l'on trouve qu'individuellement ils possèdent de jolies formes, on met en place l'équivalent végétal du dessin de bande dessinée. Il est bien préférable d'adopter une démarche plus précise, plus subtile et plus conforme à la manière dont l'œil perçoit les volumes.

De façon générale, les arbustes sont considérés comme des végétaux discrets. Ceci conditionne la façon dont nous nous les représentons mentalement, alors que l'image qui impressionne notre rétine est bien différente : lorsque nous regardons un jardin, nous ne distinguons pas chaque arbuste séparément, mais une masse foncée sur un fond plus clair ou, inversement, une masse claire se détachant sur un fond sombre. Les arbustes d'une bordure nous apparaissent comme un ensemble de différents tons de vert et notre première impression de la scène lui donne une identité cohérente ; visuellement, cette bordure devient une forme placée sur un fond.

COMMENT MAITRISER LES FORMES

Je sors pour contempler mon jardin et ses alentours. En fermant à demi les yeux, la colline qui se trouve en face m'apparaît composée de deux masses colorées, l'une claire – l'herbe verte –, l'autre plus sombre – conifères, arbres caducs, arbustes et ronces. Je rouvre les yeux pour en observer les détails. Chacune de ces deux grandes masses comporte de multiples tons de verts, mais la combinaison des différents volumes donne une tonalité dominante au paysage.

Je regarde ensuite plus près de moi les plates-bandes, où croissent des dizaines d'arbres, d'arbustes, de plantes grimpantes et de vivaces herbacées. Toujours en fermant à demi les yeux, je me concentre sur une partie du jardin où sont plantés une vingtaine de végétaux divers, qui se fondent en trois grandes zones de tons. La plus claire contient des orpins (*Sedum*), de la joubarbe (*Sempervivum*), des *Echeveria*, des centaurées, des épiaires (*Stachys*) et des armoises (*Artemisia*). La zone intermédiaire est plantée de vivaces : *Sparaxis*, bugles (*Ajuga*), agapanthes, *Nepeta* et véroniques. Les pins, épicéas, genévriers, *Chamaecyparis* et acanthes composent la partie plus sombre. A ma grande satisfaction, je me rends compte que même lorsqu'on ne discerne que ces trois zones de tons (claire, intermédiaire et foncée), elles forment une composition réussie : deux zones

Page ci-contre, en haut : *Quelle que soit la distance à laquelle on se place, un jardin se résume à des masses claires et sombres. Dans le jardin de Pam Frost, à Vancouver, le large panorama comprend, à gauche du robinier faux acacia (*Robinia pseudoacacia*), une « fontaine » de chiendent panaché (*Arrhenatherum elatius *'Variegatus') équilibrée par le feuillage pourpre de l'arbre à perruques (*Cotinus coggyrgria*) à droite. Le fond sombre, composé d'arbres à feuillage persistant, met en valeur les végétaux jaune d'or du premier plan.*

Page ci-contre, en bas : *La répétition des formes et des lignes donne à un paysage une unité et une cohérence visuelle. Dans le Royal Botanic Garden d'Edimbourg, en Ecosse, on peut admirer la répétition des formes arrondies.* Les Astilbe *'Granat' reprennent en plus petit la forme des Aruncus dioicus aux plumets blancs, situés derrière. On a planté à gauche des* Astilbe *des* Iris sibirica *'Caesar' pourpre foncé et, à droite, une autre variété plus pâle. Au fond, à côté des* Aruncus, *la forme de ces masses végétales est reprise par des fougères royales (*Osmunda regalis *'Purpurescens'). Les branches d'un saule pleureur (*Salix alba tristis*) apportent des lignes toniques à ce décor.*

Ci-contre : *En complément des formes puissantes qui tiennent à la manière dont les plantes se développent, le jardinier peut créer des volumes étonnants. Le « mur » d'ifs taillés ceint un jardin de plates-bandes dessinées avec une précision mathématique et cernées de buis à bordures (*Buxus microphylla *'Suffruticosa'). Les tulipes blanches apportent une couleur neutre, qui ne vient pas troubler l'atmosphère classique du jardin de Mme Mallet, au Parc des Moutiers à Varengeville-sur-Mer.*

EN HAUT : *Ses énormes feuilles rugueuses donnent à la rhubarbe ornamentale (*Rheum palmatum*) une apparence robuste. Ses fleurs s'harmonisent avec les briques du mur, dans le Hadspen Garden de Castle Cary, en Grande-Bretagne.*

CI-DESSUS : *La première odeur agréable au jardin est celle du terreau de feuilles mais les racines réservent parfois d'agréables surprises olfactives. Ces feuilles cordiformes sont celles de l'*Asarum canadense*, dont les racines, une fois broyées, dégagent un parfum sucré et épicé. Elles voisinent ici avec des fougères* Cystopteris *dans le jardin C. Lindsay Smith, à Birmingham dans l'Alabama.*

A DROITE : *Le contraste des formes peut être souligné par un contraste de couleurs. Dans le jardin Porter Carswell, à Savannah en Géorgie, le vert clair des cheveux-de-Vénus (*Adiantum capillus-veneris*) encercle une feuille d'éllébore (*Helleborus orientalis*) d'un vert foncé et brillant.*

claires, séparées par une partie sombre et encadrées de deux zones intermédiaires.

Lorsqu'on souhaite obtenir des formes harmonieuses dans un jardin, il faut avant tout se préoccuper des masses de valeur différente, et dans un second temps considérer couleurs, textures et effets architecturaux. Il est essentiel de parvenir à une relation harmonieuse entre les formes. A l'occasion de la visite d'un jardin ou d'une pépinière, observez (comme précédemment, en fermant à demi les yeux pour que les lignes deviennent floues) la masse claire ou foncée formée par les végétaux que vous voulez planter par rapport aux plantes qui les entourent. Souvenez-vous que ces valeurs sont très relatives : comme nous l'avons déjà vu, la perception du ton d'un coloris varie considérablement en fonction de son environnement. Le feuillage des hémérocalles, d'une valeur moyenne à proximité des feuilles gris-vert des iris, devient clair à côté du pin. Il paraît en revanche nettement plus sombre près du cinéraire maritime (*Senecio cineraria*).

Lorsque vous installez des végétaux dans le jardin, placez-les en fonction de ces valeurs de tons relatives. Si l'ensemble paraît trop foncé, ajoutez une ou plusieurs plantes aux feuilles vert clair.

Ci-contre : *De par leur taille et leurs contours, les arbres constituent généralement les formes les plus imposantes dans un paysage. Dans le parc du château de Versailles, ces platanes d'Occident (*Platanus occidentalis*) plantés près les uns des autres poussent haut et droit. Leur cime s'arrondit en berceau au-dessus d'une allée.*

EN HAUT :
La couleur et la forme du Phlox *'Chattahoochee' formeraient un joli contraste avec des tulipes bleu-violet.*
CI-DESSUS : *Des variétés blanches et pourpres de fritillaires panachées (*Fritillaria melleagris*) fleurissent dans le Noble Garden de Sydney, au Canada. Ces étonnants damiers confèrent à cette plante, qui semble tout droit sortie d'un dessin animé, un aspect irréel.*

EN HAUT : *Les fleurs de l'*Abutilon pictum *'Thomsonii', dans le Volunteer Park Conservatory de Seattle, allient forme et coloris de façon étonnante.*
CI-DESSUS : *De superbes pavots d'Orient (*Papaver orientalis*) aux pétales effilochés, près du château de Crathes en Ecosse, fournissent un autre exemple d'association spectaculaire de la couleur et de la forme .*
PAGE CI-CONTRE : *Ces trois* Metasequoia glyptostroboides *photographiés au lever du jour dans le Jardin botanique de Berkeley, en Californie, ont revêtu les douces couleurs de l'automne. Ces arbres poussent en forme de cône régulier si on les plante dans un endroit dégagé et bien ensoleillé.*

Inversement, si la surface à dominante claire est trop importante, équilibrez-la en ajoutant des plantes à feuillage sombre.

Hormis les formes générales du paysage, des massifs, des bordures et leur relative intensité, il faut également tenir compte de la forme des plantes. Les iris, le *Phormium* et les yuccas possèdent des feuilles ensiformes, rigides et dressées. Celles du *Phormium* et des yuccas sont peu encombrantes à la base mais prennent de l'ampleur en croissant, alors que les iris forment des touffes denses d'où se dressent des rangées de tiges. Ce type de feuillage est très différent du « brouillard » formé par les rameaux, les feuilles et les fleurs du gypsophile (*Gypsophilia paniculata*). Néanmoins, lorsqu'ils sont associés, le gypsophile et le lin de Nouvelle Zélande (*Phormium tenax*) aux reflets cuivrés s'équilibrent parfaitement.

Elaborer un paysage en travaillant à partir des formes procure de grandes satisfactions, car la forme de chaque plante nous apprend comment elle s'est battue pour survivre. En effet, pour croître, toutes les plantes recherchent la lumière et leur aspect traduit leur stratégie pour la capter. Certaines emploient les grands moyens. Ainsi par exemple le *Gunnera*, le *Rodgersia*, la rhubarbe (*Rheum*) et le *Fatsia*, dont les feuilles énormes sont capables d'emmagasiner d'importantes quantités de lumière, alors que les brins d'herbe doivent se contenter des rayons qui filtrent à travers la végétation qui pousse au-dessus d'eux. Certaines feuilles sont

profondément lobées pour permettre au vent de passer sans les déchirer ; d'autres se terminent en pointe pour évacuer l'eau de pluie.

Les séquoias californiens illustrent de façon spectaculaire la fonction que peuvent remplir les formes des végétaux. Ces arbres se dressent à plus de trente mètres de hauteur et possèdent de minuscules aiguilles, disposées en éventail, sur lesquelles s'accrochent les minuscules gouttes d'eau déposées par le brouillard qui survient en fin de journée. L'eau ainsi retenue par les aiguilles est collectée sur les éventails et tombe ensuite en pluie fine sur le sol de la forêt.

L'un des principaux attraits des plantes grimpantes est la façon qu'elles ont de prendre possession des treillages. Pour escalader leur support, elles s'enroulent et s'entortillent, mais leurs feuilles sont toujours orientées de façon à recevoir le maximum de lumière.

La forme des espèces végétales constitue en quelque sorte leur carte d'identité. Certaines formes ressortent mieux visuellement lorsqu'on les fait contraster avec d'autres. Par exemple, un *Lagerstroemia indica* à cime ronde, un genévrier élancé (*Juniperus virginiana* 'Skyrocket'), un *Thuja plicata* conique, un if (*Taxus baccata* 'Adpressus') compact ou un arbuste aux contours moins précis comme le seringat (*Philadelphus*) seront bien mieux mis en valeur s'ils sont plantés près d'un arbre de forme très différente. On peut ainsi faire voisiner la longue silhouette du genévrier et les rondeurs de l'if. Si ces deux végétaux à feuillage sombre avaient la même forme, ils se confondraient dans une seule masse. Leur constraste permet de les distinguer et instaure un jeu d'opposition dans la surface dense qu'ils créent dans le paysage.

Les formes des fleurs peuvent faire partie de l'élaboration d'un jardin. Là encore, la règle d'or lorsque l'on veut les associer consiste à rechercher les contrastes de formes et de couleurs. On peut également s'amuser à réunir des végétaux ayant des fleurs de même forme mais de teintes différentes, ou encore des fleurs de même teinte mais aux formes variées. Essayez de concilier les accords de couleurs heureux et l'équilibre entre des formes contrastées ; ceci ajoutera de la densité et de l'énergie à votre jardin.

En haut, à gauche : *Le gypsophile (*Gyposophila paniculata*) met en valeur les végétaux avec lesquels on l'associe mais n'est pas très intéressant seul. Il est par exemple ravissant avec des lis aux formes affirmées.*

En bas, à gauche : *Parfois, les plus belles variations de tonalité semblent n'être liées qu'au pur hasard. Dans un jardin privé situé sur Long Island, l'eau sert de toile de fond marbrée à l'éclat du nénuphar épanoui (*Nymphea*), que surmontent les innombrables fruits blancs du cirier (*Myrica pensylvanica*).*

Page ci-contre : *L'hiver nous donne un instantané noir et blanc de la structure du jardin. Le paysage se réduit à sa plus simple expression et l'on peut mieux apprécier l'équilibre des formes. Au Canada, dans les Wayside Gardens de Creston sous la neige, les branches des pommiers sauvages soigneusement taillés font écho à la balustrade du petit pont, au fond à droite.*

LES LIGNES

Ci-dessus :
Peut-on imaginer quelque chose de plus simple et de plus beau que les lignes sinueuses et les ravissantes fleurs de la clématite (Clematis montana 'Rubra') escaladant un mur dans le jardin de Mme d'Andlau à Remalard ?

Page ci-contre : *Dans le jardin d'Elk Rock, à Portland dans l'Oregon, les arbousiers (*Arbutus menziesii*) se penchent au-dessus d'un escalier de pierre. Cette répétition de lignes fortes dirige le regard vers la cime des arbres.*

Les lignes d'un objet sont constituées par ses arêtes ou ses contours. Dans un jardin, les lignes apparaissent dans les courbes d'une branche d'arbre sinueuse ou le drapé des sarments d'une plante grimpante, ou encore à la limite entre la pelouse et une plate-bande.

Lorsqu'on dessine un jardin, il est important de créer des lignes intéressantes. On conseille souvent aux jardiniers de planter quelques arbustes ou plantes vivaces de bonne taille au premier plan d'une bordure afin qu'adultes, ils débordent sur l'herbe. De cette façon, la ligne séparant la pelouse de la bordure devient sinueuse et irrégulière, et par conséquent plus intéressante.

Les branches maîtresses des arbres et des arbustes ligneux créent des lignes fortes lorsqu'elles se profilent sur un feuillage clair ou sur le ciel. Pour bien les apprécier, le mieux est de se placer à l'ombre, sous le berceau d'un bosquet, et de regarder vers la lumière à travers les branchages. Si vous désirez aménager un chemin dans une partie ombragée du jardin, regardez autour de vous pour repérer les branches intéressantes. Y a-t-il suffisamment de lumière ? Sinon, peut-on éclaircir le fond pour que ces branches se détachent bien ?

Hormis ces branches, qui existent déjà, on peut pratiquer une taille sur certains végétaux. En fait, la recherche de beaux rameaux sur les arbres et les arbustes

ligneux afin de les mettre en évidence peut devenir un passe-temps passsionnant. On pourrait comparer cette tâche à celle de Michel-Ange : du bloc de marbre, l'artiste doit faire voler en éclat tout ce qui est superflu et mettre à nu la beauté qui s'y trouve déjà.

Certains végétaux se distinguent par la beauté et la force sculpturale de leurs branches. Les jardiniers les plantent justement pour ces qualités plastiques. Parmi eux, on citera le magnolia (*Magnolia x Soulangiana*), le superbe *Leptospernum*, originaire de Nouvelle-Zélande, l'*Amelanchier* et le cornouiller (*Cornus florida*), sans oublier l'*Arctostaphylos*. Plantés par exemple devant les panaches décoratifs d'un arbre à perruques (*Cotinus coggygria*), exposés au soleil une partie de la journée et correctement taillés, ils prennent tout leur effet dans la composition d'un jardin.

En fonction de son orientation, votre jardin sera selon les cas ensoleillé le matin, l'après-midi, à midi seulement ou toute la journée. Si vous ne désirez pas passer beaucoup de temps à jardiner, sélectionnez les végétaux en fonction de l'ensoleillement de votre terrain au lieu d'essayer de modifier sa configuration pour qu'il s'adapte aux plantes que vous avez choisies. Le cornouiller préfère par exemple les endroits ensoleillés le matin. Si le site est exposé au soleil chaud et désséchant de l'après-midi, le cornouiller ne s'y plaira pas mais le *Leptospernum* s'y adaptera parfaitement.

Pour élaguer les branches d'un arbre qui a poussé tout seul et n'en retenir que les principales, il faut attendre la période de dormance. S'il s'agit d'un arbre à feuillage persistant, la taille doit s'effectuer au début de l'été. Cette opération doit être effectuée avec une grande prudence. Pour obtenir les résultats souhaités, il faut étaler ses efforts sur trois ans. Plus que les végétaux à feuillage caduc, les arbres à feuillage persistant souffrent des tailles : travaillez par étapes au début de l'été si vous désirez simplement entretenir la forme d'une plante, ou en plein hiver quand la croissance est à l'arrêt s'il s'agit d'une taille plus sévère.

Avant de donner le premier coup de sécateur, observez bien la disposition des branches et choisissez celle qui vous semble posséder la forme la plus sculpturale. Il s'agira probablement d'une branche maîtresse d'un certain âge. Essayez de vous la représenter débarrassée de ses rameaux latéraux, en cherchant sa structure de base grâce aux principaux points de croissance.

Vous pouvez aussi décider de mettre en valeur des branches moins sculpturales mais plus majestueuses ou un certain nombre de rameaux de forme plus amusante. Le choix est entre vos mains, mais vous obtiendrez à mon avis les résultats les plus satisfaisants en conservant les rameaux qui sont orientés vers l'extérieur à partir de l'axe central.

En plus de ce premier choix, sélectionnez deux ou trois autres branches, sur le même côté du tronc ou opposées. Dans les deux cas, il faut les choisir en fonction de la première branche car elles sont destinées à composer un ensemble harmonieux et équilibré. Lorsque vous avez fixé votre choix, élaguez les branches basses qui les dissimulent. S'il s'agit d'une plante assez basse, la taille peut s'effectuer à 1 ou 2 mètres du sol. S'il s'agit d'un arbre adulte et que la taille nécessite l'emploi d'une échelle ou d'un outillage spécialisé, il est plus prudent de faire appel à un professionnel. Vous pouvez laisser à certains endroits du feuillage bas et créer ainsi un jeu de « cache-cache » avec les branches taillées à mesure qu'on se déplace autour de l'arbre.

Une méthode de taille particulièrement intéressante consiste à n'exposer qu'une partie de la branche maîtresse en élaguant seulement une partie du feuillage. Cette technique convient très bien aux rhododendrons anciens, aux petites azalées, aux lilas, aux spirées, aux noisetiers, aux *Pittosporum* et à de nombreux arbustes et arbrisseaux buissonnants.

Le jardin comporte souvent une telle quantité de végétaux à port buissonnant que la clarté de ses lignes prend une importance capitale. Elle permet de briser le rythme des masses arrondies des arbustes et de rendre visible la structure du lieu.

Des lignes structurales fortes doivent révéler une ossature simple. Pensez aux décorations florales dans lesquelles des rameaux tortueux rayonnent vers l'extérieur tandis que les fleurs apportent substance et couleur. Ces branchages sont d'habitude disposés de façon à donner l'impression de se déployer à partir du centre. Inspirez-vous de cette image et appliquez-la au groupe d'arbustes : trouvez-en le centre puis retirez les rameaux pour ne conserver que ceux qui semblent en jaillir. (Cette technique est efficace même lorsqu'il n'y a pas de véritable centre et que l'on souhaite créer l'impression qu'il existe.) En travaillant dans ce sens, vous rendrez le paysage plus compréhensible et vous lui donnerez une unité séduisante.

CI-CONTRE :
Les troncs des vieux arbres, comme ceux de ces chênes centenaires dans le Beacon Hill Park à Victoria, au Canada, dessinent des lignes fortes dans le paysage. Malgré la mélodie printanière des jonquilles, les chênes somnolent encore et ne ne sont pas réveillés de leur dormance hivernale.

CI-DESSOUS : *La beauté du cerisier à fleurs japonais (*Prunus subhirtella *'Pendula') tient non seulement aux cascades de ses délicates fleurs roses mais aussi aux lignes solides de ses branches fléchissant sous les nuages colorés.*

Ci-dessus : *Une sculpture concentre l'attention et donne une certaine définition aux lignes d'un jardin. Cette partie d'un jardin privé de Birmingham, en Alabama, manquerait de netteté sans cette statue. Elle apporte une légère tension, qui contraste avec les lignes floues des azalées plantées derrière.*

METTRE EN VALEUR LES FORMES ET LES LIGNES

Il existe une autre façon d'apporter une certaine cohérence à un groupe de plantations : la répétition des formes. Une large forme sphérique, par exemple, que l'on retrouve à plusieurs reprises dans le paysage, donne de l'unité à l'ensemble. Il faut éviter cependant d'espacer trop régulièrement des formes identiques, car cela crée une sorte de staccato visuel. Préférez une disposition asymétrique, qui ponctue le paysage de façon plus inattendue et plus satisfaisante visuellement.

Vous pouvez répéter les formes, mais aussi jouer avec elles et les inverser dans un effet de miroir. Ainsi, une plante à port vertical (un if par exemple) taillée en forme d'urne peut être placée près d'un cèdre dont la cime évoque un dôme (soit la même forme, mais à l'envers).

Une pièce d'eau aux contours irréguliers peut faire écho à un massif planté de bulbes printaniers reprenant le même tracé. On peut aussi disposer à quelque distance l'un de l'autre des parterres de forme similaire, dos à dos, établissant ainsi une symétrie qui sera interrompue par des végétaux placés au milieu. Même dans les petits recoins du jardin, il est possible d'employer des jeux de formes qui flattent le sens esthétique, en plaçant par exemple les tulipes en forme de calices à côté des clochettes pendantes de fritillaires, de campanules ou d'ellébores ou encore un petit tapis de *Mazus reptans* – couvre-sol aux fleurs bleu clair tachetées de blanc, de jaune et de pourpre – qui reprend la forme d'un pin Mugho planté à proximité.

Au lieu d'installer des éléments purement décoratifs dans un jardin, je préfère utiliser ses ressources naturelles. Je me montre très réservé en ce qui concerne les sculptures : à moins de pouvoir installer une pièce dans un site qui lui convient parfaitement, il est préférable de s'en passer. Si vous souhaitez intégrer une œuvre d'art dans votre jardin, concentrez votre attention sur sa forme plus que sur son sens afin qu'elle prenne place dans l'harmonie de couleurs, de formes et de lignes des végétaux.

Percevoir les formes d'un paysage signifie appréhender les contours sans s'intéresser à ce qu'ils contiennent, voir sans identifier ce que l'on voit. C'est une vision à l'état brut, sans jugement de valeur. On reconnaît d'abord la beauté d'une forme ; lorsque l'on prend conscience de sa signification, le plaisir visuel n'en est que plus intense. J'avais par exemple remarqué que la forme d'un érable (*Acer palmatum* var. *dissectum*) de mon jardin évoquait un bassin à oiseaux posé sur piédestal. Peu après, j'ai trouvé un petit bassin en pierre d'une forme très similaire à celle de l'arbre. Je l'ai acheté et installé auprès de l'érable. Ses formes et ses couleurs s'harmonisent à merveille avec celles de l'arbre et je m'étonne même qu'il puisse exister une telle ressemblance entre deux choses si différentes.

Sans tarder, les oiseaux sont arrivés et ont commencé à venir se baigner avant d'aller se percher sur les branches de l'érable pour se sécher. La scène est ravissante : les oiseaux lissent leur plumage au milieu du délicat feuillage, descendent dans un battement d'ailes pour jouer dans l'eau avant de remonter en voletant dans l'arbre. Je vous conseille de considérer en premier lieu les formes puis leur signification ; votre jardin prendra alors une valeur supplémentaire.

Tenez compte également de la configuration de votre terrain : est-il plat, en pente, vallonné ? Comporte-t-il de petites collines, des combes, des roches saillantes ? S'il possède des éléments dignes d'intérêt, incorporez-les dans votre plan. En revanche, s'il est plat, rien ne vous empêche de faire appel à une pelleteuse qui, en retirant la terre pour l'amonceler plus loin, créera quelques accidents de terrain.

L'eau détermine la forme des parties du jardin situées en

Ci-dessus : *Les étonnantes jarres anciennes à gauche et les grands pots en terre cuite, à droite, rendent plus intéressante cette terrasse du jardin Netters, à Long Island. Dans les interstices entre les dalles de pierre poussent des touffes de thym et de lavande.*

contrebas, car c'est là qu'elle s'écoule et s'accumule. Lorsqu'on conçoit un jardin, les parties situées en hauteur et en contrebas sont à traiter différemment : il faut imaginer des effets de contraste dans les parties creuses et souligner la configuration du terrain dans les reliefs. Autrement dit, un arbre haut et droit au sommet d'une colline ressemblera à une carotte plantée dans un carré surélevé. Le même arbre placé au fond d'un vallon devient un repère vertical qui crée une opposition avec le plan horizontal d'une petite mare. En haut d'une colline, la végétation doit suivre les contours du relief et non les contrarier : une étendue de fleurs des champs captant la lumière du soleil apportera une profusion de couleurs éclatantes ; des arbustes buissonnants ne briseront pas les courbes de la colline et resteront assez bas pour ne pas fermer l'horizon. Créez en contrebas une ambiance plus intime, en plantant des arbres élevés, des couvre-sol aimant l'humidité et des plantes qui se plaisent à l'ombre, comme l'*Hydrastis canadensis*.

Dans tous les jardins, le placement des pierres revêt une grande importance ; elles représentent en effet l'ossature du lieu. Lorsqu'il souhaite représenter le corps humain, l'artiste qui travaille à la mine de plomb ou au fusain dessine souvent d'abord le squelette, puis les muscles, puis la peau, pour gommer à la fin ces premiers tracés et obtenir un rendu fidèle et satisfaisant. De la même façon, le paysagiste commence par disposer les pierres, autour desquelles il ajoute la terre. Ensuite, il habille le tout d'arbres, d'arbustes et de plantes herbacées, en laissant parfois certaines surfaces de terre nue. Si vous souhaitez laisser certaines zones sans végétation, recouvrez-les provisoirement de papier journal, de cailloux, de sable ou de copeaux d'écorce. S'il s'agit d'une installation permanente, évitez les films plastique qui deviennent friables avant de se désagréger. On est ensuite obligé de débarrasser pendant des années le jardin de ces lambeaux disgracieux et gênants.

Page ci-contre, en haut : *Les contours imprécis de l'*Aubretia *pourpre et des hélianthèmes roses et blancs adoucissent les lignes strictes des marches en pierre. La forme de l'urne chinoise se répète à plusieurs reprises, renversée, dans les monticules arrondis des arbustes et des touffes d'herbes aromatiques. Cette vue a été prise dans un jardin privé à Crewkerne, en Grande-Bretagne.*

Page ci-contre, en bas : *Lorsque dans un jardin les éléments formels – lignes, formes, couleurs, composition – et les éléments romantiques – atmosphère, saison, qualité de la lumière – s'assemblent dans un tout cohérent, nos rêves prennent vie. Le jardin de Mme d'Andlau, à Remalard, vu dans la brume matinale, en est un parfait exemple.*

A droite : *Pour décorer ce mur d'un jardin privé, situé à Chipping Camden en Grande-Bretagne, le jardinier a choisi une composition simple de trois végétaux connus : des* Heuchera, *des campanules et un rosier. Malgré cette simplicité – ou peut-être grâce à elle – il a créé une image à l'impact visuel très riche.*

COMMENT CRÉER UNE COMPOSITION

Lorsqu'on met en scène des formes au jardin, il faut savoir rester simple : en juxtaposant un trop grand nombre de formes différentes, on obtient un résultat confus. Deux ou trois formes au plus suffisent à construire une composition agréable.

Les compositions les plus stables et les plus agréables à l'œil sont basées sur le triangle, avec le côté le plus long en bas et la pointe supérieure légèrement décalée, ce qui le rend asymétrique. (Une composition symétrique paraît très souvent manquer de dynamisme.)

Les lignes verticales que l'on obtient avec les pierres dressées sont l'une des façons de mettre en place cette composition triangulaire. On peut répéter cet élément vertical avec d'autres pierres placées non loin de là. Leur disposition peut aller en crescendo, en réservant la plus impressionnante pour le sommet. Pour l'équilibrer, on placera d'autres pierres plus grosses mais de forme moins intéressante à proximité. D'autres repères verticaux, qui viennent en écho, peuvent être apportés par les troncs d'arbres, un arbuste à port droit, un bâtiment ou des meubles de jardin.

Pour la base d'une composition triangulaire, on peut employer une forme basse et arrondie. Ce seront par exemple des galets, des monticules recouverts d'herbe, de mousse ou d'un couvre-sol, un groupe d'arbustes à feuillage vert et à feuillage jaune ou bordeaux, ou encore des arbres à cime arrondie.

Certains paysages comportent uniquement des éléments de forme ronde, dont le rythme est brisé par une ou deux verticales. On peut au contraire mettre en place une composition à dominante verticale et la ponctuer de quelques formes arrondies.

Lorsqu'une troisième forme s'avère nécessaire, on peut intégrer un élément aussi simple qu'un bassin aux contours sinueux, qui

---

PAGE CI-CONTRE, EN HAUT : *Les éléments dominants du paysage, dans le jardin de M. et Mme W. Irving à Greencroft House, en Grande-Bretagne, possèdent des lignes fortes : le bassin rond à margelle de pierre et la forme parabolique de l'arbre à feuillage persistant, au fond à droite. Le regard est irrésistiblement attiré vers l'immense* Gunnera manicata, *parfaitement placé près de l'eau.*

PAGE CI-CONTRE, EN BAS : *Un dessin strict et symétrique caractérise le jardin de Lawhead Croft, en Ecosse. Cet aspect formel crée une forte perspective qui entraîne le regard au-delà du jardin, vers les prés et les bois.*

A DROITE : *Dans le jardin de Peter Newton à Saint Helena, en Californie, des oiseaux sculptés aux lignes sinueuses décorent un parterre de* Salvia x superba. *Sans le mouvement apporté par ces sculptures, la scène perdrait beaucoup de son intérêt et de son éclat. Grâce à elles, elle prend une dimension théâtrale.*

PAGES 78-79 : *Sur les rives d'un étang, dans le jardin de Mme J. H. Robbins et de M. John Brookes à Denmans, en Grande-Bretagne, les galets ajoutent des couleurs qui tranchent avec le vert omniprésent. Une statue intitulée Le Rêveur ajoute à l'atmosphère romantique et paisible.*

reprend discrètement l'arrondi des pierres, des arbres et des arbustes. Si cela n'est pas possible, on substituera à l'eau du gravier et des cailloux. Selon leurs coloris, ils se fondront subtilement dans le paysage ou contrasteront de façon nette avec le vert de l'herbe. Sur une surface bien plane, un lit de cailloux suggère remarquablement la présence de l'eau.

Les chemins et allées jouent eux aussi un rôle important dans l'élaboration du jardin car ils donnent un rythme à son parcours. Ce sont les derniers éléments à mettre en place dans la composition. Un chemin qui serpente ajoute de l'intérêt au paysage, attire irrésistiblement le regard et mène le visiteur là où il aimerait aller, vers les points forts du jardin.

La simplicité procure une sensation de tranquillité et de détente, ce qui ne signifie pas monotonie, loin de là. Dans les jardins simples et bien composés, l'énergie silencieuse de la nature est étonnamment présente. La simplicité permet le calme – et ce n'est que dans le calme que nous parvenons à prendre quelque distance avec la trépidation de notre vie quotidienne. Elle signifie qu'on ne cherche à faire qu'une seule chose à la fois, mais à la perfection. Ainsi, le jardin peut se mettre en place autour d'une idée simple.

A gauche : *La simplicité est une vertu en jardinage comme dans les autres domaines artistiques. Dans ce jardin privé, situé à Chipping Camden en Grande-Bretagne, un rosier ancien et des ellébores (*Helleborus foetidus*) ornent un mur de pierre. La scène est simple, mais rien ne manque.*

Cette idée simple peut être, par exemple, de construire sur un terrain en pente une cascade de plantes, de pierres et de terre. Conçue comme un élément fondamental du jardin, elle est le résultat d'une disposition simple de ces trois composantes. On affinera la composition en sélectionnant des végétaux dont la forme des feuilles, la couleur et la texture sont en harmonie avec ce projet.

LE JARDIN COMME ENTITÉ

Dans la conception d'un paysage, nous utilisons différents concepts : la lumière, la couleur, les lignes, les volumes et les formes. Néanmoins, l'œil perçoit le jardin comme un tout et il importe de s'en souvenir. Tout élément qui perturbe cette impression d'ensemble doit être retiré. Qu'il s'agisse d'une plante, d'une statue, d'une pierre ou d'un chemin, tout ce qui est disgracieux ou discordant doit être enlevé sans pitié ou remplacé.

Faites de votre jardin un lieu simple, facile à comprendre, qui expose sans détours et sans diversions ses atouts et ses charmes. Le dur labeur du jardinage disparaît, la conception et l'élaboration se volatilisent. Seul reste le jardin. Ce n'est plus le fruit d'une création humaine, mais simplement un lieu qui existe par lui-même, dans la beauté sublimement désinvolte de la nature.

Les jardins réussis sont beaux, et les beaux jardins sont simples. Leur conception ne poursuit qu'un but et leur élaboration est concentrée, sans dispersion. Ce sont toujours des lieux où l'on aurait envie de passer du temps, où l'on sent qu'il doit être agréable de vivre, de prendre un verre et de se promener. On ressent dans un « grand » jardin une impression de vérité, de rendez-vous que l'on ne saurait manquer.

C'est grâce à la vue que ces sensations naissent en nous. Un beau jardin, composé avec art et intelligence, nous fait voir en nous-mêmes, enfants de la nature, quelque chose de beau. Il n'est donc pas surprenant que cette vision nous enchante. Elle nous donne un aperçu de la nature rendue parfaite, un aperçu de l'esprit qui règne en nous et autour de nous.

CI-CONTRE. *L'emplacement des pierres dans un paysage est important car il donne du poids et structure la composition. On peut néanmoins faire preuve de fantaisie sans employer de grands moyens : un banc et une pierre font face à deux énormes chênes blancs (*Quercus garryana*) dans le jardin d'Elk Rock, à Portland dans l'Oregon.*

L'odorat

Le souffle des fleurs est de beaucoup plus suave dans l'air, où il va et vient tel un harmonieux ramage, que dans la main.

Francis Bacon, *Essais*, XLVI "Des jardins"

L'hiver n'est pas tout à fait terminé ou le printemps commence à peine. Les feuilles et les fleurs ne sont pas encore apparues. C'est alors qu'un jour, pour la première fois, on sent à nouveau l'odeur de la terre. Le soleil réchauffe le sol durci par la rigueur des frimas et il s'en exhale le parfum de la morte saison : les amas de feuilles mortes, le terreau au pied des arbres, les résidus de l'année qui vient de s'écouler.

C'est le moment de fouiller un peu dans le tas de compost qui s'est accumulé depuis l'automne. On y a apporté jour après jour des feuilles, des mauvaises herbes, des peaux d'oranges, du fumier de la ferme, des déchets de tontes de la pelouse et, si l'on a la chance d'habiter près de la mer, des algues. L'hiver a opéré un véritable tour de magie : toutes ces mauvaises herbes, feuilles et débris se sont transformés en un riche terreau noir, plein de l'humus. C'est ainsi que de la décomposition naît la vie.

Le poète Walt Whitman, très impressionné par ce processus, en fit part dans un poème intitulé "L'engrais" :

La Terre maintenant m'épouvante! Elle est toujours si calme et si patiente.
Elle engendre tant de suaves choses de ces corruptions ;
Elle tourne toujours si saine et si robuste, sur son axe, malgré l'éternelle succession des cadavres malsains ;
Elle distille des vents si exquis d'une matière si fétide ;
Elle renouvelle avec splendeur et sûreté les prodigues retours des saisons et des récoltes somptueuses ;
Elle donne tant de choses merveilleuses à l'homme qui ne lui offre jamais que de vils détritus!

On pourrait dire que le compost respire : il laisse pénétrer l'air qui permet aux bactéries présentes dans le sol de transformer la matière et exhale une odeur de terre, de champignons et de vieilles mousses, avec quelques accents de violette et de radicelles naissantes. Cette odeur évoque le lieu primitif et secret où les graines prennent vie et où tout débute.

Pour la plupart d'entre nous, cette senteur si particulière s'inscrit dans la mémoire au cours de la petite enfance. Comme celle de l'herbe récemment tondue, des feux de feuilles mortes ou de l'ozone après un orage d'été, elle nous ramène invariablement à des moments lointains. Les parfums se gravent avec une grande intensité dans la mémoire, à tel point que toute notre vie, un certain parfum peut faire resurgir des souvenirs disparus, nous ramener à un instant précis du passé et nous rappeler des détails qui sans cela se seraient estompés avec le passage du temps.

Comment expliquer ce phénomène ? La raison principale en est que le nouveau-né reconnaît sa mère grâce au sens de l'odorat. Sa vision n'est pas encore parfaite mais il naît avec la faculté de reconnaître sa mère à son odeur. La recherche de la nourriture à l'aide de repères olfactifs fait partie de ses toutes premières expériences : trouver sa mère, puis le sein et le lait, qui représente pour lui la vie.

Cette capacité de repérer la nourriture grâce à son odeur perdure jusqu'à l'âge adulte. Il suffit pour s'en convaincre de penser à la vie que menaient les premiers représentants de notre espèce. Avant l'invention de l'agriculture – c'est-à-dire il y a un quart de seconde si l'on replace cet événement à l'échelle de notre évolution –, les hommes vivaient de chasse et de cueillettes. Pour survivre, ils devaient absolument se souvenir à quel endroit ils avaient repéré des pommiers sauvages en fleurs dans un pré, de beaux champignons jaunes dans un recoin humide ou de savoureux raisins pendant en grappes lourdes près de la rivière. Ces hommes préhistoriques étaient en permanence à la recherche de nourriture et devaient garder en mémoire la trace de ces lieux pour y retourner à la bonne saison. Les odeurs leur permettaient d'établir des « cartes olfactives », très proches des méthodes qu'emploient les animaux sauvages pour reconnaître leur territoire. Sans cette possibilité de se reposer sur leur sens olfactif, les hommes en auraient été réduits à compter uniquement sur la chance ou le hasard pour trouver leur pitance. Grâce à un odorat très développé, ils se souvenaient, retournaient sur place et se nourrissaient.

Le sens olfactif est également l'un des plus personnels. Chacun utilise des qualificatifs différents pour décrire une fragrance délicate. Pour beaucoup d'entre nous, la senteur des fleurs nous ramène dans le jardin de nos grands-parents, planté de jacinthes, de lilas et de roses. Pendant nos jeux, nous respirions des parfums qui restent à jamais associés à ce lieu. Combien de nos propres jardins ne sont en fait que la reconstitution de souvenirs d'enfance et des paradis que nous avons connus alors ? Comme l'a si bien exprimé la poétesse Louise Beebe Wilder dans “Le sentier parfumé”,

Le parfum parle un plus clair langage
à la vieillesse qu'aux jeunes.
Avec ceux-ci, peut-être n'ira-t-il guère
au-delà du sens olfactif, mais pour
ceux qui ont franchi l'autre versant de
la vie, il va droit au cœur.

Pensez maintenant aux effluves délicats qui se dégagent de l'iris, de la glycine, de la giroflée, de l'œillet ou même de la fleur de pommier. Ces fleurs ne sont pas comestibles et n'ont donc rien à voir avec notre survie ; leur parfum constitue

Ci-dessus :
*C'est par une journée comme celle-ci que réapparaît l'odeur profonde de la terre, mêlée à celle de la pluie, des pierres et des fleurs. A Showskill Manor, à Broadway en Grande-Bretagne, les touffes de thym et de valériane rouge (*Centranthus ruber*) et la vigne d'ornement aiment ce temps humide et brumeux.*

Page ci-contre : *Au début du printemps, quand le temps se radoucit, on redécouvre avec surprise l'arôme de truffe qui émane des feuilles et des fruits de l'aubépine (*Crataegeus*), ici au Fuich Arboretum de Spokane, dans l'état de Washington.*

Pages 82-83 : *Une myriade de fleurs, tombant en neige de ce cerisier d'ornement sur des* Bergenia cordifolia, *embaume l'air d'un léger parfum de pollen. Ce jardin, situé à Denmans en Grande-Bretagne, a été dessiné par Mme J. H. Robbins et John Brooke. A mon avis, aucune fleur n'a un parfum plus doux que celle du pommier.*

Ci-dessus : *Lorsque l'iris ouvre sa gorge aux reflets dorés – comme ici dans le jardin de Pam Frost à Vancouver en Colombie britannique –, son parfum est aussi rafraîchissant qu'une ondée printanière. Il pousse à côté du désespoir du peintre (*Saxifraga umbrosa *'Variegata').*

Page ci-contre, en haut : *Dans ce jardin situé à Santa Barbara en Californie, le parfum des roses domine, tant que le citronnier n'est pas en fleurs. En effet, on sent parfois les fleurs d'agrumes à plus d'une centaine de mètres quand le vent souffle dans la bonne direction. Au premier plan, la lavande (*Lavandula stoechas*) apporte une dernière touche à cette composition élégante.*

Page ci-contre, en bas : *Les jolies clochettes des campanules (*Campanula persicifolia*) annoncent l'arrivée des roses et de leur parfum. Les roses rouges sont en général plus parfumées que celles dont la teinte est plus claire. Cette photographie a été prise dans le jardin du marquis et de la marquise de Salisbury, à Hatfield House en Grande-Bretagne.*

uniquement une expérience esthétique et il nous enchante par sa perfection. Il est par définition évanescent et indéfinissable et nous cherchons à l'intégrer dans notre mémoire. Il ne nous dirige pas vers un aliment précis et nous ne l'appréhendons pas de la même façon que les odeurs de nourriture. Il n'existe que pour le plaisir du nez. Dans ce monde empli d'odeurs douteuses, désagréables ou carrément dégoûtantes, les senteurs du jardin constituent un véritable baume pour l'odorat.

Pour apprécier au mieux le parfum des fleurs, il faut qu'il nous parvienne sans qu'on s'y attende : on sort sur la véranda et tout à coup l'odeur sucrée du chèvrefeuille monte jusqu'à nous. Le jardinier sait où se cachent ses fleurs odorantes mais le visiteur perçoit souvent un parfum avant de localiser sa source.

Certaines fleurs odorantes occupent un rang de choix dans le jardin. Elles sont plantées dans les endroits les plus en vue. C'est le cas bien entendu des roses parfumées. Parmi les autres végétaux aux effluves puissants, le jasmin étoilé (*Trachelospernum jasminoides*) peut en revanche passer presque inaperçu dans le paysage avant que l'on ne capte son parfum, qui fait chercher dans l'enchevêtrement des feuilles la myriade de petites fleurs étoilées roses et blanches.

On peut classer les végétaux en fonction de la distance à partir de laquelle on les sent. La fragrance délicate de certaines roses n'est perceptible que lorsque le nez est perché, telle une abeille butineuse, sur les étamines jaunes situées au centre de la fleur. En plein soleil, le romarin ne dégage son odeur caractéristique qu'à 1 mètre ou 2 tout au plus. En revanche, le parfum du petit *Daphne odora* flotte dans l'air à plusieurs mètres de distance.

Les plantes que l'on sent de loin attirent dans leurs « filets » parfumés d'innombrables insectes pollinisateurs. Elles y parviennent au moyen d'huiles essentielles qui, en s'évaporant, laissent échapper dans l'air des molécules parfumées. Les cellules olfactives, concentrées en deux points très innervés situés au sommet du passage nasal supérieur, fonctionnent un peu comme du Velcro qui retiendrait les molécules d'odeur. Celles-ci possèdent une forme particulière, correspondant à un certain récepteur nerveux, et se combinent aux cellules nerveuses de différentes façons, ce qui explique la variété pratiquement infinie des parfums identifiables. Il est parfois possible de vérifier la présence d'importantes quantités d'huiles essentielles. C'est le cas par exemple avec la fraxinelle (*Dictamnus albus*), une plante vivace à racine pivotante. Depuis des années, j'entendais dire que cette plante émet des vapeurs qui peuvent s'enflammer. Pour en avoir le cœur net, je partis un jour dans le jardin emportant avec moi une boîte d'allumettes. Lorsque j'approchai la flamme des fleurs épanouies, rien ne se produisit. Plus bas sur la tige se trouvaient des boutons mi-clos qui formaient de petites poches. Lorsque je plaçai l'allumette près de l'ouverture de l'une d'elles, elle s'enflamma et projeta une languette de feu. Il semble donc qu'à mesure que les fleurs s'ouvrent, l'huile aux notes d'agrumes produite par la plante se concentre dans ces poches au point qu'il devient possible de l'enflammer. En revanche, lorsque les pétales se séparent, l'huile s'évapore plus vite et s'enflamme moins facilement.

Nous classons souvent les parfums en fonction de nos préférences. Tout le monde ou presque affectionne la douceur épicée et mielleuse de la viorne (*Viburnum carlesii*), de même que l'accord se fait sans discussion sur une liste d'odeurs vraiment désagréables sans qu'il soit besoin de les nommer. En ce qui concerne d'autres senteurs, les avis sont plus partagés. Certains raffolent du parfum du *Cestrum nocturnum*, à floraison nocturne, que d'autres trouvent trop capiteux et écœurant. C'est un peu comme le patchouli : on l'aime ou on le déteste, mais il s'impose à nous.

Les notes dominantes – épicée, fleurie, agrumes, etc – constituent un autre critère de classement des senteurs florales. Les herbes de Provence, quant à elles – thym, sauge, lavande, romarin, et les armoises – produisent des huiles essentielles assez proches. On peut également y ajouter la menthe et l'herbe aux chats (*Nepeta cataria*).

L'amaryllis belladonne donne à l'automne des fleurs rose vif au parfum lourd et écœurant. Parmi les autres plantes à l'odeur très forte, on peut citer certains jasmins, dont le *Cestrum nocturnum*, le jasmin étoilé (*Trachelospernum jasminoides*) et le jasmin d'Espagne (*Jasminum grandiflorum*), mais aussi le gardenia

Ci-dessus : *L'emplacement de la lavande influe directement sur l'intensité de son parfum : plus il est ensoleillé, plus elle sent fort. Exposée contre un mur blanc dans un jardin dessiné par Isabel Green à Santa Barbara en Californie, elle exhalera une fragrance entêtante à proximité d'un figuier taillé et blanchi.*

Page ci-contre : *Il se dégage des conifères – tels que les ifs (*Taxus baccata*) taillés en topiaire ou l'arbre à feuillage vert sombre situé au fond – un parfum caractéristique. Ce jardin fut dessiné par la célèbre paysagiste anglaise Gertrude Jekyll. On notera avec quel art elle a su adoucir les lignes architecturales du chemin en pierre et des ifs. Les propriétaires actuels d'East Lambrook Manor, à South Petherton en Grande-Bretagne, sont M. et Mme Andrew Norton.*

et les jonquilles. Leur parfum entêtant s'apprécie mieux à l'extérieur ou dans un espace bien aéré.

Parmi les fleurs au parfum épicé, on note la viorne (*Viburnum carlesii*), les œillets, l'hysope – qui sent la réglisse –, le *Jasminum sambac* et certaines fleurs dont la senteur est voisine de celle de l'encens.

Au-dessus des champs plantés de *Monarda fistula* plane une odeur persistante de miel. Cette fleur sauvage transforme en été des prés entiers en grandes taches lilas. La gamme des accents mielleux va de l'odeur sèche du *Photinia fraseri* à celle évoquant l'amande des fleurs de l'aubépine (*Crataegus laevigata*, du parfum de miel et citron de la verveine-citronnelle (*Verbena citriodora*) à celui de miel et musc du rosier musqué (*Rosa moschata*).

« Sucré » est le seul qualificatif convenant à certaines senteurs : le foin juste coupé, la plupart des lis, les fleurs de trèfle, le chèvrefeuille (*Lonicera japonica*), le bois joli (*Daphne odora*), le *Crinum* et les violettes.

Les roses possèdent un parfum unique, que l'eau de rose a rendu très familier. Selon les espèces, il varie des notes fruitées aux accents musqués. Certains considèrent que le « véritable » parfum de la rose est celui des roses de Damas (*Rosa damascena*). D'autres lui préfèrent celui des roses de France (*Rosa gallica*). Ce choix est hautement subjectif, mais ces deux espèces sont cultivées depuis des siècles et ont servi, particulièrement en Bulgarie, à la confection d'une essence qui conditionne l'idée que nous nous faisons du parfum de la rose. La rose de Damas (*Rosa damascena semperflorens*) porte aussi le nom de rose d'automne, ou de rose des quatre saisons, car sa période de floraison s'étend de l'été au début de l'automne. On raconte qu'elle poussait déjà à Pompéi. Virgile décrit une rose similaire, très parfumée, fleurissant deux fois par an. Avant de clore le sujet des roses de Damas, il faut leur rendre hommage : ces fleurs semi-doubles, sans grand intérêt esthétique, sont l'écrin d'un parfum qui évoque un millénaire de nuits étoilées et d'histoires d'amour. Le cultivar 'Madame Hardy', aux fleurs d'un blanc pur, projette son parfum plus loin que la plupart des roses de Damas. Pour des notes plus fleuries, on lui préférera la rose à grandes fleurs 'Queen Elizabeth' ou le grimpant 'Don Juan'.

Il existe également dans le domaine végétal d'autres fragrances uniques mais peut-être moins facilement reconnaissables. Les grandes fleurs du *Magnolia grandiflora*, par exemple, exhalent des notes tropicales d'agrumes. Et comment trouver les mots exacts pour décrire la senteur suave du muguet (*Convalaria majalis*) si ce n'est en évoquant le souvenir des effluves s'échappant du poudrier de ma mère posé sur sa coiffeuse ?

La glycine, elle aussi, possède une odeur caractéristique, assez proche de celle du lilas. Le lilas, la lavande, la rose et la violette ont donné leur nom à la fois à leur parfum et à leur couleur, ce qui témoigne des réactions sensorielles simultanées que suscitent ces plantes.

Ci-dessus : *On s'attendrait à ce que les superbes grappes bleu poudreux des baies de* Mahonia bealei *sentent aussi bon que le raisin auxquelles elles ressemblent, mais leur parfum n'est que légèrement fruité.*

Page ci-contre, en haut : *Autour des pommiers sauvages du Cummins Garden, à Portland dans l'Oregon, flotte l'odeur légère de leurs fleurs.*

Page ci-contre, en bas. *Le parfum de la glycine porte loin. Dans le jardin de C. Lindsay Smith, à Birmingham dans l'Alabama, le visiteur qui flâne et contemple les tulipes, les petites fleurs étoilées couleur lavande des* Phlox divaricata *et le feuillage vert bleuté de l'*Ophiopogon *bordant le chemin, est poursuivi par la fragrance de la glycine de Chine (*Wisteria sinensis *'Alba').*

UN JARDIN PARFUMÉ TOUTE L'ANNÉE

Un autre mode de classement des plantes odorantes consiste à les regrouper par période de floraison. Cette liste permet de sélectionner des végétaux dont les floraisons se chevauchent, de façon qu'en permanence des effluves parfumés flottent dans l'air.

On peut ainsi trouver des arbres à fleurs odoriférantes en toute saison. Au début de l'hiver, l'*Hamamelis virginiana* déploie de longs pétales rubanés d'où se dégage un parfum douceâtre. Je lui préfère cependant l'*Hamamelis mollis*, aux longs pétales jaunes, qui fleurit en janvier-février, pour sa puissante fragrance claire et pure, proche de celle de la jonquille. Par temps froid, les rubans s'enroulent sur eux-mêmes, attendant des jours plus cléments pour se déployer à nouveau.

En février et parfois en mars, fleurit l'arbuste bien nommé *Chimonanthus praecox*. On sent de loin ses fleurs en coupelles à court pédoncule, d'un jaune virant au brun. A la fin de l'hiver, quand l'atmosphère se réchauffe, on apprécie d'autant plus leur parfum sucré et épicé, proche de celui du jasmin, que l'air n'est pas encore chargé de senteurs.

D'avril à août, le *Magnolia grandiflora* ouvre de grandes fleurs blanches et cireuses. Sa fragance volatile est sucrée avec des notes d'agrumes. Deux autres magnolias sont réputés pour leur parfum. J'ai une petite préférence pour le magnolia étoilé (*Magnolia stellata*) : en avril, sur des branches encore nues, s'ouvrent des myriades de fleurs étoilées, larges de 8 cm. Pourtant, le plus parfumé est sans aucun doute le *Magnolia heptapeta*, un grand arbre qui donne en avril des fleurs blanches, larges de 8 cm, en forme de calices.

De mi-avril à fin mai, les pommiers sauvages s'alourdissent de fleurs au doux parfum, et la plupart possèdent l'inimitable fragrance de leurs cousins cultivés. De toutes les senteurs florales, laquelle peut égaler la douceur des fleurs du pommier ? C'est un parfum très discret mais ô combien frais et plaisant.

En juin, l'*Oxydendron arboreum* ouvre de blanches panicules odorantes en formes de clochettes. Le *Pterostyrax hispida* fleurit à la même époque, mais on le trouve rarement dans les jardins. Ses fleurs blanches parfumées pendent en panicules tressées, qui ressemblent à des épaulettes d'uniforme militaire.

Citons encore le *Styrax obassia*, qui donne en mai et juin des grappes de fleurs blanches larges de 2 cm, au parfum tenace.

Le virgilier (*Cladastris lutea*) ne fleurit que tous les deux ou trois ans. On ne profite donc pas de ses belles fleurs blanches en grappes pendantes à chaque mois de juin, mais lorsqu'elles s'épanouissent, elles sont très nombreuses et odorantes, et embaument l'air alentour.

En juillet, aucun arbre n'a autant de prestance près d'une pelouse et à la lisière d'un bois que le beau savonnier (*Koelreuteria paniculata*) aux grandes panicules érigées de fleurs jaune exhalant un parfum fleuri.

Les fleurs d'un blanc cireux, légèrement odorantes, du *Franklinia Alatamaha* s'épanouissent en août et septembre.

En ce qui concerne les arbustes, l'année commence tôt avec le bois joli : en mars, le *Daphne odorata* embaume tout le jardin et son parfum est considéré comme le plus puissant de tous les végétaux. Plus tard dans le même mois, le *Daphne mezereum* ouvre des fleurs qui répandent généreusement des notes de lilas. Dans les régions au climat doux, la viorne (*Viburnum fragrans*) fleurit tout l'hiver ou en mars quand le climat est plus rude. A cette période de l'année, le jardin est largement dénudé et l'on apprécie ce parfum, qui rappelle celui du lilas.

Les fleurs jaunes du *Mahonia bealei* éclosent de mars à avril. Les bourgeons floraux s'étalent comme des colliers de perles sur d'épaisses feuilles piquantes et persistantes et exhalent un parfum tenace. Le *Mahonia* se plaît en compagnie du *Sarcococca Hookeriana* var. *humilis*. Ses fleurs rosées sont petites et discrètes, malgré leur puissante odeur sucrée qui envahit l'air printanier.

Quant aux violettes odorantes (*Viola odorata*), connues de tous, il faut s'agenouiller pour humer leurs si jolies petites fleurs, mais cet effort est largement récompensé.

L'oranger du Mexique (*Choisya ternata*) se couvre en avril d'une profusion de petites fleurs blanches dont le parfum rappelle celui des fleurs… d'oranger.

Ci-dessus :
La forme des fleurs de Viburnum plicatum tomentosum *'Mariesii' donne de la personnalité à cet arbrisseau. De loin, elles semblent marquer les rameaux de striures blanches.*

Page ci-contre : *Si les camélias – tel ce cultivar 'Mary Christian' planté dans le jardin de Cecil et Molly Smith dans l'Oregon – étaient parfumés, on les trouverait certainement beaucoup plus souvent dans les jardins. Pourtant, leur beauté est à elle seule un enchantement.*

A la même période fleurit le *Corylopsis pauciflora*, aux fleurs odorantes jaunes, en forme de clochettes, qui apparaissent sur des branches encore nues.

Peu d'arbustes fleurissent de mars à mai. C'est cependant le cas du *Leucothoe fontanesiana* à feuillage persistant. Ses fleurs pendantes, qui rappellent celles du muguet, se cachent sous les feuilles durant cette longue période.

Dans les régions froides, les jardiniers apprécient le *Prunus tomentosa* qui fleurit en avril. Ses fleurs blanc rosé au parfum sucré sont suivies en juin et juillet de cerises écarlates comestibles.

Le *Pittosporum tobira*, très courant dans le Midi, développe d'avril à mai des grappes de fleurs jaune pâle à l'extrémité de ses branches. Leur senteur discrète rappelle celle des fleurs d'oranger ou de citronnier.

Le *Ribes odoratum* est un bon choix lorsqu'on souhaite avoir dans son jardin un parfum agréable au printemps. Cet arbuste peut atteindre 1,80 m et s'étendre sur environ 2,50 m à l'âge adulte. En avril et mai, ses fleurs tubulaires rouges et jaunes pendent par grappes de cinq à dix, et leur arôme est assez proche de celui du clou de girofle.

A la même époque, le thymélée des Alpes (*Daphne cneorum*) laisse apparaître à l'extrémité de ses tiges des grappes serrées de fleurs rouges odorantes. Cette espèce à feuillage persistant est une excellente plante de rocaille.

Les viornes au parfum capiteux fleurissent aussi en avril et en mai : *Viburnum carlesii*, *V.* x *burkwoodii*, *V.* x *carlecephalum* et V. x *juddii* (la moins parfumée). La première exhale une senteur épicée très caractéristique, proche du clou de girofle, qui s'installe dans l'air printanier.

La très jolie pivoine arbustive (*Pæonia suffruticosa*) ouvre en mai des fleurs aux pétales soyeux de couleur rouge, rose, jaune ou blanche. Elles sont grandes et doubles, larges de 15 à 30 cm, et possèdent un parfum très particulier.

Le lilas – *Syringa* x *chinensis* et lilas commun (*Syringa vulgaris*) – fleurit à cette époque. Il existe de nombreux cultivars de ces deux espèces, aux coloris variés : lilas, mauve, blanc, pourpre et rouge violacé. Le *Syringa* x *chinensis*, à port ondoyant, est plus court et plus fin que le lilas commun ; tous deux exhalent néanmoins le même parfum inimitable.

De fin mai à fin juin, le seringat (*Philadelphus coronarius*) laisse éclater une profusion de fleurs d'un blanc pur. Leur parfum rassemble des notes de citron, de jasmin et de fleurs d'oranger. On plante l'arbre Pompadour (*Calycanthus floridus*) pour son arôme épicé et fruité et ses fleurs rouge brun qui apparaissent en juin. Des pépiniéristes m'ont appris que certains cultivars n'ont pas de parfum ou même une odeur franchement désagréable. Avant de l'acheter, assurez-vous qu'il s'agit de l'espèce parfumée.

De mai à novembre, le très apprécié *Gardenia jasminoides* ouvre des fleurs solitaires, blanches et cireuses. Elles ont la forme d'une rose et leur parfum est entêtant. Cette plante à feuillage persistant reste petite, à port compact ; elle peut se montrer difficile et ne pousse bien que si son emplacement (dans une terre acide, humide et riche en humus) lui convient. Elle est gélive et se cultive en pot dans les régions froides. L'hybride *Daphne x burkwoodii*, aux grappes de fleurs blanches très odorantes, fleurit en juin.

La floraison des arbustes à papillons (*Buddleia*), et en particulier l'apparition des épis pourpres au parfum de miel de *Buddleia davidii*, a lieu en juillet. Cette espèce est ainsi nommée parce que les papillons sont irrésistiblement attirés par ses fleurs, qui forment de longues grappes terminales. Le *Buddleia* est l'une des plus belles plantes que l'on puisse installer dans un jardin. En juin, les fleurs odorantes aux tons lilas de *Buddleia alternifolia* couvrent ses longs rameaux comme une cascade fleurie.

Le *Clethra alnifolia* est l'un des arbustes qui fleurit le plus tard dans la saison, ce qui le rend précieux. Il présente en outre de nombreux avantages : il est assez rustique, peut atteindre 2,50 à 3 m de haut et 1,20 à 1,50 m de large et donne en août de longues panicules de fleurs blanches et parfumées. J'aime particulièrement le cultivar rose 'Pinkspire', que j'associe aux fleurs pourpre foncé du *Liriope Muscari*, planté sous l'arbuste, car ils fleurissent à la même époque.

PLANTES GRIMPANTES : LE PARFUM EN MOUVEMENT

Pour une raison inconnue, les végétaux les plus parfumés sont souvent des plantes grimpantes, qui sont très peu utilisées dans les jardins d'ornement. Elles sont assez souvent gélives et ne résistent donc pas aux climats rudes, mais il en existe néanmoins qui s'adaptent dans toutes les régions.

Le *Gelsemium sempervirens* est l'une des premières plantes grimpantes à fleurir. En février apparaissent des grappes de petites fleurs en forme d'entonnoir, au parfum frais et sucré, et la floraison dure jusqu'en mars.

Le jasmin rose (*Jasminum polyanthum*) fleurit environ à la même époque. C'est une plante merveilleuse mais très peu rustique. Elle déploie un très grand nombre de feuilles finement ciselées et de multiples bourgeons roses s'ouvrent en fleurs blanches au parfum envoûtant. Assez puissant pour embaumer quelques mètres à la ronde, ce jasmin se repère d'abord par sa senteur. Le même mois, le jasmin blanc ou jasmin officinal (*Jasminum officinale*) accueille la fin de l'hiver avec son parfum caractéristique, riche, sucré, proche de l'encens. Une deuxième floraison, moins généreuse, s'étend sur tout l'été et une grande partie de l'automne.

La clématite à feuillage persistant (*Clematis armandii*) possède de longues feuilles pointues qui semblent pousser un peu dans tous les sens à la fin de l'hiver. Son allure s'améliore nettement en avril grâce à ses fleurs étoilées qui, de près, se révèlent très odoriférantes.

Les régions chaudes sont les plus gâtées en ce qui concerne les plantes grimpantes. Elles peuvent accueillir entre autres le *Beaumontia grandiflora*, dont les grandes fleurs campanulées donnent d'avril à septembre une note tropicale au jardin. En avril également commence la floraison des jasmins *Trachelospermum*, qui se poursuit jusqu'en juillet et août. Le premier à fleurir est le *T. asiaticum*, aux fleurs jaunes étoilées, suivi de près par le jasmin étoilé (*T. jasminoides*) à fleurs blanches, plus vigoureux, qui peut servir de couvre-sol ou grimper si on le tuteure. En Californie, il encadre souvent l'entrée des maisons. Leurs fleurs ont le même parfum, mais celui du *T. jasminoides* est

PAGE CI-CONTRE : *Une clématite (*Clematis montana *'Rubrum') escalade le mur du château de la princesse Sturdza à La Vasterival, Varengeville-sur-Mer. Ses formes douces atténuent les lignes strictes de la maison.*

EN HAUT : *Malgré sa tendance à se montrer envahissant, le chèvrefeuille (*Lonicera japonica*) exhale un parfum mielleux et épicé à la fin du printemps et au début de l'été. Il dissimule ici une barrière et se mêle aux plants de sauge à fleurs pourpre foncé chez Jim et Connie Cross, à Cutchogue dans l'état de New York.*

A DROITE : *La glycine encadre une fenêtre dans ce jardin privé anglais. Quand il fait beau, on ouvre grand ses fenêtres pour faire pénétrer son parfum à l'intérieur de la maison.*

CI-DESSUS ET CI-CONTRE : *La clématite azurée (*Clematis patens *'Nelly Moser') est l'une des clématites les plus appréciées et les plus belles. On peut également citer* Clematis armandii et C. dioscoreifolia, *toutes deux parfumées.*

particulièrement riche et capiteux, proche de celui du vrai jasmin. Des deux espèces, *Trachelospermum asiaticum* est légèrement plus rustique.

Avril est le mois des glycines. La glycine du Japon (*Wisteria floribunda*) produit de longues grappes parfumées. Deux cultivars, *W. floribunda* 'Longissima' (violet) et *W. floribunda* 'Longissima alba' (blanc) produisent des grappes florales longues de 90 cm. La plus parfumée de toutes est sans doute *W. floribunda* 'Rosea' aux grappes roses longues de 35 à 45 cm, qui fleurit jusqu'en mai.

La glycine de Chine (*Wisteria sinensis*), plus commune, fleurit quant à elle en avril et mai. Ses grappes florales sont plus courtes, mais son parfum aux notes de lilas est tenace lorsque par temps ensoleillé il est porté par un vent chaud. La glycine est souvent décrite comme la plante à fleurs parfaite : beauté des formes et des coloris, parfum exquis, port altier, assez de vigueur pour couvrir un mur entier. Elle n'a qu'un seul défaut : sa floraison est trop courte.

Un autre jasmin (*Jasminum nitidum*) commence à fleurir en mai et refleurit jusqu'en août. Ses fleurs blanches étoilées ressemblent à d'élégantes petites roues dentées posées sur ses rameaux rigides. Son parfum est frais et sucré, aux notes délicatement fleuries. Pour l'apprécier, il faut s'approcher de très près.

Le *Stephanotis floribunda* est une plante grimpante tropicale à fleurs blanches qui fleurit de mai à octobre. Il est très souvent cultivé en serre ou à l'intérieur car son parfum est riche et mêle l'odeur de l'encens à celle du jasmin.

Avec le mois de juin arrive la floraison de bon nombre de plantes grimpantes odorantes. Le *Decumaria barbara* présente au-dessus de ses feuilles brillantes des fleurs blanches et parfumées qui ressemblent à celles des hortensias. En juin et en juillet le *Hoya carnosa* s'épanouit. C'est une plante d'intérieur ou de serre assez répandue, qui ne peut être installée à l'extérieur que s'il ne gèle jamais. Ses fleurs ressemblent à des étoiles à cinq branches sculptées dans la cire blanche, avec un centre rouge. Leur parfum a des accents de miel.

En juin, le jasmin d'Espagne (*Jasminum grandiflorum*) fleurit dans les régions chaudes. Cette plante grimpante buissonnante produit des fleurs tout l'été et son parfum porte loin.

Juin marque également le retour des chèvrefeuilles avec en premier lieu le très vigoureux *Lonicera hildebrandiana*. Cette liane imposante possède des fleurs tubulaires longues de 15 cm ; l'odeur du chèvrefeuille prend des accents tropicaux. Cette espèce se plaira dans un jardin d'hiver ou, dans des climats rudes, en serre.

Il existe des chèvrefeuilles parfumés plus rustiques. Les plus courants sont le chèvrefeuille du Japôn (*Lonicera japonica* 'Halliana') et le chèvrefeuille des bois (*L. Periclymenum*). Le premier pousse un peu partout dans les bois et les haies et sur les murs et grillages. Sa senteur chaude et sucrée embaume l'air en plein été.

Bien qu'il soit très peu rustique, le *Mandevilla laxa* mérite quelques mots. Sur cette plante grimpante s'ouvrent de juin à août des fleurs blanches délicates en forme d'entonnoir par grappes de cinq ou six. Leur parfum fleuri est divin. J'en ai fait pousser un dans un pommier Gravenstein devant la maison. Lorsque les fleurs du pommier sont fanées, celles du *Mandevilla laxa*, aux tiges torsadées, prennent la relève et exhalent leur parfum du haut de l'arbre.

La fleur de la passion (*Passiflora* x *alatocaerulea*) fleurit de juin à septembre dans des tons de blanc et de rose, avec sa curieuse couronne de filaments pourpres et bleus. Les fleurs sont larges et agréablement parfumées.

L'*Anredera cordifolia* est originaire du Paraguay, ce qui explique sa floraison tardive, d'août à octobre. Ses minuscules fleurs odorantes poussent en grappes longues de 30 cm.

La dernière des plantes grimpantes à fleurir est l'une des plus rustiques ; il s'agit de la clématite (*Clematis paniculata*) qui produit en septembre et octobre de nombreuses panicules de fleurs parfumées. Selon le climat, son feuillage est caduc ou persistant.

DES VIVACES PARFUMÉES

De très nombreux jardiniers, dont je fais partie, privilégient dans leur jardin les plantes vivaces herbacées. Leurs tiges et leur feuillage vert tendre sont le plus souvent brûlés par le gel. Ces plantes survivent grâce à des organes souterrains (racines, rhizomes, bulbes, tubercules ou tige souterraine bulbeuse) d'où émergent chaque année au printemps de nouvelles pousses.

Dans les régions plus chaudes, les vivaces peuvent être caduques ou devenir ligneuses selon le type de plante et la sévérité de l'hiver. Si les parties visibles persistent, le jardinier peut se substituer au gel et, au début de l'année, les faucher avec sa tondeuse.

Les vivaces fleurissent en général pendant une période relativement courte : deux ou trois semaines par an, bien que les *Coreopsis* et quelques autres échelonnent leur floraison sur toute une saison. D'autres encore fleurissent au printemps, reprennent des forces au cours de l'été et redonnent des fleurs à l'automne dans les régions tempérées.

Lorsqu'on se promène dans un jardin planté de vivaces, l'odorat peut être aussi sollicité que les autres sens. Certaines plantes exhalent des parfums très sensuels, comme par exemple le *Hosta plantaginea* aux accents tropicaux. Les plantations de vivaces couvrent le plus souvent des surfaces assez réduites, aussi leur parfum demeure-t-il relativement discret. Il émane des gros volumes créés par les arbres et les arbustes à fleurs des senteurs plus tenaces : un seringat des jardins adulte (*Philadelphus coronarius*) peut atteindre des proportions impressionnantes (un diamètre de 6 m sur une hauteur de 4,5 m) et il se couvre de fleurs blanches très odorantes qui embaument tout le jardin. Il faudrait pour l'égaler d'immenses plates-bandes de vivaces. Il ne faut donc pas attendre des vivaces qu'elles parfument toute la propriété. Leur fragrance est d'intensité très variable, mais elle est le plus souvent très délicate et on ne la découvre que lorsque l'on s'en rapproche d'assez près.

Les plantes vivaces énumérées ci-dessous sont, parmi

les plus répandues, celles qui se distinguent par leur parfum. Cette liste n'est bien évidemment pas exhaustive, car il existe à proprement parler des milliers de vivaces odorantes.

La monarde (*Monarda fistulosa*) aux feuilles dentées pousse sur des tiges hautes de 90 cm. Ses fleurs, de véritables petites couronnes lavande, exhalent des notes caractéristiques : un mélange de miel, d'épices et d'herbes aromatiques. Par une journée ensoleillée, le parfum reste dans l'air et attire les abeilles. Les fleurs rouges, roses, ou blanches d'une variété proche (*Monarda didyma*) sont moins parfumées que *M. fistulosa* mais le feuillage est odorant.

Dans leur grande majorité, les clématites n'ont pas d'odeur, à l'exception notable des deux suivantes : *Clematis heracleifolia* var. *davidiana* expose en août et septembre des grappes de fleurs bleu indigo parfumées sur des tiges pouvant atteindre 90 cm. En juin et juillet, la *Clematis recta* 'Mandshurica' produit des fleurs blanches d'où émane un parfum exquis.

Le célèbre muguet (*Convallaria majalis*) installe ses feuilles ovales dans les endroits ombragés. Au printemps, il en sort de courtes tiges portant de petites clochettes à la senteur fleurie. Le *Crinum* est une vivace bulbeuse aux larges feuilles plates, qui donne à la fin du printemps ou au début de l'été des fleurs blanches ou rose pâle au parfum sucré et légèrement fleuri. Dans des régions où les hivers sont rigoureux, il est préférable de planter les bulbes dans des pots que l'on rentre aux premières gelées.

L'une des plus intrigantes senteurs florales est celle du *Cosmos atrosanguineus*. En fin d'été, un arôme distinct de chocolat émane de ses fleurs (de la couleur du chocolat) qui poussent sur des tiges hautes de 60 à 90 cm. Dans mon jardin, je l'ai associé au feuillage argenté du cinéraire maritime (*Senecio cineraria*) pour créer un effet étonnant, à la fois visuel et olfactif.

Presque toutes les espèces d'œillets, parmi lesquelles le *Dianthus caesius*, le *Dianthus deltoides* et le *Dianthus caryophyllus*

PAGE CI-CONTRE : *Près d'un escalier en pierre des jardins d'Old Westbury, dans l'état de New York, éclosent les premières fleurs rouges de monarde (*Monarda didyma*). Ecrasées entre les doigts, ses feuilles dégagent une odeur forte. On peut ensuite passer la main sur les têtes soyeuses du* Pennisetum alopecuroides.

Ci-dessus : *Le parfum des pivoines, comme cette pivoine blanche (*Paeonia lactiflora*) photographiée en France, est un régal pour les jardiniers dans les régions froides.*

Page ci-contre, en haut : *Les pivoines arbustives (*Paeonia suffruticosa*), comme celles qui poussent à proximité des clochettes violettes d'*Endymion campanulatus *dans le jardin de la princesse Sturdza à La Vastérival, à Varengeville-sur-mer, sont aussi belles que les pivoines herbacées mais moins parfumées.*

Page ci-contre, en bas : *L'odeur suave des giroflées (*Cheiranthus*) émane d'un parterre d'iris dans le jardin de Geri Laufer à Atlanta, en Géorgie. Leur parfum est perceptible à plus d'un mètre.*

ont une senteur de clou de girofle, riche et épicée. Leurs feuilles gris-vert ou vert bleuté se mêlent bien aux vivaces vert moyen. En revanche, il faut les placer près d'un passage car leur parfum n'est discernable que de très près.

Le caille-lait (*Galium odoratum*) est un couvre-sol aimant l'ombre qui donne au printemps de petites grappes de minuscules fleurs blanches. On les utilise en Allemagne pour aromatiser le vin de mai mais elles forment aussi de très jolis petits bouquets. Leur légère fragrance est un irrésitible mélange de plusieurs accents : vanille, herbes aromatiques et foin.

Le feuillage de l'héliotrope (*Heliotropium arborescens*) est vert tirant sur le pourpre avec des fleurs allant du violet au blanc sur des tiges multiples. Leur délicate senteur sucrée rappelle, en plus tenace, celle de la julienne des jardins (*Hesperis matronalis*) ou de la monnaie du pape (*Lunaria biennis*).

On choisit généralement les *Hosta* pour leur feuillage abondant, mais le *Hosta plantaginea* échappe à cette règle car son feuillage est sans intérêt. En revanche, dès le mois d'août, il montre ses vrais atouts en produisant des hampes florales hautes de 60 cm aux fleurs blanches en forme d'entonnoir. Leur parfum tropical évoque un peu celui de la tubéreuse. Il embaume l'air, en particulier la nuit.

Bon nombre des jacinthes poussent chaque année au printemps. Vers Pâques, tous les marchés regorgent de jacinthes parisiennes (*Hyacinthus orientalis*) en pots. Lorsqu'elles sont présentées ainsi en groupe, leur parfum devient assez envahissant. Quelques jacinthes au jardin, en revanche, sucrent légèrement l'air. Le muscari raisin (*Muscari botryoides*) n'est pas une vraie jacinthe mais il lui ressemble un peu en plus petit et son léger parfum est sucré et fleuri.

Le pois de senteur (*Lathyrus odoratus*), annuelle fleurissant dès la fin du printemps et tout l'été, mérite sa place ici en raison de sa fragrance fraîche et sucrée. Il fleurit beaucoup et existe dans de très nombreux coloris : rose, lavande, crème, blanc, bleu, améthyste, pourpre et écarlate.

Les lis les plus odorants sont des espèces sélectionnées et non les hybrides à grosses fleurs des jardins. Celui qui possède sans doute le parfum le plus agréable est le *Lilium candidum*, suivi du *Lilium auratum*.

Chez les fleuristes, on trouve souvent le *Lilium longiflorum* qui fleurit normalement en été mais peut, par forçage, s'épanouir vers Pâques. S'il est planté au jardin après la floraison, il peut refleurir à l'automne puis au milieu de l'été les années suivantes. Prenez garde au *Lilium auratum* qui peut transmettre des viroses à ses cousins. Il ne faut donc pas le planter à proximité des autres lis.

Les giroflées (*Cheiranthus cheiri*) sont des plantes buissonnantes qui fleurissent à la même époque que les tulipes et les lilas, auxquels elles s'associent particulièrement bien. Leurs fleurs veloutées sont selon le cultivar jaunes, orangées, pourpres, rouges ou roses, et il en émane un parfum fleuri très particulier. Je l'ai senti pour la première fois en Californie, au sommet d'une falaise surplombant l'océan Pacifique, où poussaient ces fleurs douces, d'un jaune brunâtre, au sommet de tiges écourtées par les vents d'est soufflant sans répit. Pour respirer leur parfum divin, je dus me mettre à quatre pattes. L'odeur des espèces cultivées n'a pas le même pouvoir de séduction mais elle mérite néanmoins notre attention.

Les pivoines constituent l'une des grandes joies des jardiniers des régions froides, et en particulier la pivoine de Chine (*Paeonia lactiflora*). Ses boutons floraux, de la taille d'une balle de golf, s'ouvrent en de grosses fleurs doubles au parfum de rose (à la différence des autres espèces de pivoines et des pivoines ligneuses). Leur beau feuillage est souvent représenté dans la peinture chinoise. Ces grosses fleurs sont éphémères et

malheureusement fragiles : il suffit d'une averse et elles sont à terre, définitivement défigurées.

La giroflée (*Matthiola incana*) est une jolie vivace ou bisannuelle qui est cultivée comme une annuelle fleurissant à la fin de l'été. A l'extrémité des tiges hautes de 60 à 90 cm, aux feuilles lancéolées, poussent des grappes de fleurs jaunes, crème, blanches, roses, rouges, lavande, ou bleues. Elles produisent un très bel effet en massif et embaument l'air alentour.

Les petites jonquilles (*Narcissus jonquilla*) sont des beautés odorantes. Elles fleurissent après les jonquilles et leur riche parfum est capiteux mais de très faible portée.

Cultivée comme une annuelle estivale, le *Nicotiana* compte deux espèces beaucoup plus parfumées que les hybrides vendus en graines dans le commerce. Le *N. sylvestris* peut atteindre 1,50 m et porte de longues fleurs tubulaires par groupes de trois. Sa fragrance est intense, sucrée et fleurie. Celle du *N. alata* est moins forte.

Les iris barbus (*Iris germanica*) exhalent de douces senteurs sucrées, variant selon les teintes. Il y a un élément de surprise quand on plante un nouveau cultivar et l'on s'amuse à imaginer son odeur en fonction de la couleur de ses pétales.

Parmi les vivaces, le parfum floral le plus intense est sans doute celui de la tubéreuse (*Polianthes tuberosa*). Cette espèce tropicale peut être plantée en pot ou directement au jardin, où elle fleurira chaque année à la fin de l'été. Comme les dahlias et les bégonias, il faut l'arracher et la rentrer à l'abri du gel. Ses effluves sont celles d'une forêt tropicale, envoûtants et intenses, aux accents épicés et fleuris. Des pots sur une véranda ravissent l'odorat les chaudes soirées d'été.

En été, les touffes de *Primula alpicola* aux grandes feuilles produisent à l'extrémité de hampes florales hautes de 45 cm des grappes de clochettes jaunes au parfum particulièrement piquant et aux tons fleuris.

Le réséda odorant (*Réseda odorata*) est une annuelle mais il doit être mentionné. De cette plante courte, sans élégance, sortent des grappes de fleurs que certains considèrent comme inintéressantes, blanc jaunâtre et verdâtre. En revanche, il s'en dégage un parfum étonnant. Vous pouvez planter une plate-bande de réséda aux abords d'une véranda exposée plein sud car c'est l'une des rares herbacées dont le parfum porte loin.

La violette odorante (*Viola odorata*) est une petite plante bien connue, aux feuilles cordiformes et à floraison printanière hâtive. Sa délicate senteur n'est perceptible que de très près. Elle s'installe là où elle se plaît, et souvent dans des endroits de choix ; il est rare que les jardiniers s'en offusquent, car elle constitue un couvre-sol de qualité, peu exigeant, et indispensable dans un jardin parfumé.

A gauche. *Ce chemin du jardin de Monet à Giverny est bordé d'iris barbus (*Iris germanica*). Ces fleurs ravissent l'odorat car elles forment un bouquet de parfums mélangés. Chaque couleur donne un indice de son arôme : vanille pour le blanc, raisin pour le pourpre, etc*

Ci-dessus : *Dans un jardin privé du Connecticut, le centre d'intérêt visuel est l'obélisque en pierre et, au fond, l'étonnant feuillage de l'*Hydrangea quercifolia*. Pourtant, si nous nous trouvions sur place, les belles fleurs blanches en trompette du datura (*Brugmansia candida*), à droite de l'hortensia, attireraient d'abord notre attention car leur parfum capiteux se sent à plusieurs mètres, surtout à la tombée de la nuit.*

DE DOUX EFFLUVES DANS LA NUIT

La nuit, les senteurs florales paraissent plus mystérieuses, romantiques et sensuelles. Peut-être cela tient-il au fait que notre vue fonctionnant moins bien, le sens du toucher et de l'odorat deviennent plus aigus. Quelle qu'en soit la raison, les jardiniers plantent depuis des siècles dans les lieux de rendez-vous des plantes odorantes à floraison nocturne. En fait, certains végétaux sont connus surtout pour le parfum qui s'en dégage dans l'obscurité. Dans les listes de vivaces, on a déjà mentionné le *Hosta plantaginea*, mais il en existe bien d'autres de tous genres pour remplir l'air du soir. L'une des espèces du *Cestrum nocturnum* en est un exemple. Chaque soir, au coucher du soleil, son parfum devient perceptible à la même heure, avec une telle exactitude que l'on pourrait presque régler sa montre dessus. Sa floraison se renouvelle à plusieurs reprises dans l'année. J'en ai cultivé un en pot pendant des années, qui ouvrait régulièrement ses fleurs très odorantes le jour de Noël.

Le *Brunfelsia americana* attend l'obscurité pour révéler le charme de ses fleurs ; ce cousin du *B. pauciflora* peut cependant se révéler difficile à trouver. Plus courant, le stramoine en arbre (*Brugmansia candida* ou *Datura arborea*), au feuillage luxuriant et qui peut atteindre en une saison une hauteur de 1,80 à 3 m, produit en été puis de nouveau à l'automne de très grosses fleurs pendantes, en forme de trompette, qui parfument l'air alentour. Elles restent visibles la nuit, ce qui les rend doublement romantiques. Peu rustique, cette plante convient parfaitement à la culture en pot et doit être considérée comme un arbrisseau ligneux.

Le *Hoya carnosa* produit des grappes de fleurs blanches cireuses, particulièrement odoriférantes le soir. Son parfum épicé et sucré est intense.

Le *Matthiola longipetala bicornis* est une annuelle à parfum nocturne. Ses fleurs pourpres restent fermées la journée et ne s'ouvrent que le soir pour exhaler leur fragrance.

Nous avons limité nos recherches aux fleurs dont l'odeur est agréable. Bien entendu, certaines ont un arôme désagréable et d'autres un parfum sujet à discussion. Pour les amateurs, la senteur du *Cestrum nocturnum* représente par exemple le *nec plus ultra* des parfums floraux. Un de mes amis la trouve quant à lui trop capiteuse ; elle lui rappelle l'odeur du hot-dog ! D'autres parfums de fleurs sont contestables, comme par exemple l'odeur écœurante de l'*Amaryllis belladonna*. Enfin, il en existe qui sont indéniablement abominables, comme celle de la *Stapelia*, plante grasse souvent choisie comme plante d'intérieur.

ÉCORCES ET RACINES ODORANTES

Les écorces et les racines ont elles aussi des arômes, mais ils ne sont perceptibles que lorsque la plante est arrachée ou coupée. Lorsque j'étais enfant, nous coupions des rameaux de bouleau merisier (*Betula lenta*) dont nous râpions ensuite l'écorce pour en faire une infusion brun rouge qui sentait très fort le pirole. Aujourd'hui, on extrait de cet arbre une huile qui sert à la fabrication d'une sorte de bière ou, mélangée à d'autres extraits, de la *root beer*.

Dans l'Est des Etats-Unis, les haies sont souvent envahies de sassafras (*Sassafras albidum*). Ecrasées, ses brindilles dégagent une odeur agréable, mais c'est dans les racines que son inimitable senteur et saveur sont concentrées. Découvrir puis couper une racine de sassafras était pour moi chaque année le signe du printemps.

C'était une expérience très amusante, car dès que l'on commençait à creuser superficiellement autour de l'arbre, on sentait cette odeur si particulière. De la terre enfin libérée de l'emprise du froid hivernal montait la promesse parfumée du printemps. On tirait sur une racine afin de la dégager et, avec la pelle, on en tranchait un morceau. La température voisinait vraisemblablement zéro, mais avec cette racine de sassafras en main, on avait l'impression que les beaux jours arrivaient. A la même époque, la sève montait dans les érables. Dans les nodules des racines, les bulbes ou les tiges souterraines, la vie reprenait, sans qu'à la surface on en eût encore conscience.

Il m'a fallu des années pour me rendre compte que l'essence de sassafras se concentre en réalité dans la pellicule rouge qui entoure la racine. Pour faire l'infusion, je coupais au départ la racine en grosses rondelles. Plus tard, j'ai appris à bien nettoyer la racine pour la débarrasser de sa peau extérieure et découvrir une couche rougeâtre, semblable à du liège, que je découpe en longs copeaux et que je laisse sécher. Lorsque les copeaux sont bien secs, il conservent leur odeur pendant un an. On raconte que les pionniers américains buvaient de la tisane de sassafras lorsque le thé se faisait rare. Son arôme est si agréable que l'on se demande bien pourquoi ils en buvaient si peu. Ils savaient peut-être qu'en quantité importante, le sassafras peut être dangereux. Il contient en effet un composé chimique que l'on soupçonne d'avoir des propriétés cancérigènes. L'absorption régulière du sassafras est par conséquent à éviter. En revanche, une tasse chaque année au printemps ne peut être néfaste.

L'iris de Florence (*Iris pallida*), le plus discret de toute la famille, ouvre tranquillement en mai ses fleurs blanc gris. Elles ont un parfum sucré et ses racines dégagent un merveilleux arôme de violette. Séchées et pulvérisées, elles composent la poudre d'iris, employée dans les pots-pourris pour conserver l'odeur des fleurs séchées.

Bon nombre de racines sont parfumées mais le plus souvent, leur senteur est discrète. Citons cependant l'angélique, dont les racines dégagent une agréable odeur épicée.

PARFUMS DE FEUILLES ET HERBES AROMATIQUES

Les jours où le soleil brille, l'odeur qui plane dans l'air du jardin émane en grande partie des huiles essentielles contenues dans le feuillage. Les arômes des feuilles et des fleurs ont des rôles distincts. Le parfum des fleurs sert à attirer les insectes pollinisateurs ; les huiles contenues dans le feuillage ont, pense-t-on, un rôle dissuasif destiné à décourager les insectes de les manger. Ces huiles possèdent des propriétés médicinales ; elles sont très fortes et aromatiques.

Les herbes dites de Provence (sauge, romarin, thym, marjolaine) contiennent ces huiles en grande quantité. (Pour moi l'odeur de l'eucalyptus en est la caricature. Là où ces arbres sont plantés en grande quantité, l'air est envahi d'une odeur assez désagréable qui m'évoque celle du pipi de chat.) Les herbes aromatiques comptent également l'aneth, l'anis, le basilic, le fenouil, la lavande, la livèche et l'estragon. Parfois, leurs graines sont également aromatiques ; c'est le cas par exemple de l'anis et du coriandre.

Toutes les odeurs de feuilles ne sont cependant pas aussi fortes et volatiles. Les pélargoniums odorants couvrent une vaste gamme de senteurs très diverses : aromatiques, fleuries, fruitées et épicées. Les plus courants sont parfumés à la pomme (*Pelargonium odoratissimum*), au citron vert (*P. nervosum*), au citron (*P. crispum*), à la menthe poivrée (*P. tomentosum*) et à la rose (*P. graveolens*).

Les meilleurs emplacements pour ces plantes sont le long d'une allée ou en pots dans un endroit de passage où le visiteur peut frotter une feuille et s'amuser à reconnaître la senteur qu'elle imite.

On trouve assez souvent des notes d'agrumes et surtout de citron dans ces feuilles. C'est le cas du thym citron (*Thymus* x *Citriodorus*), de la verveine citronnelle et de la mélisse (*Melissa officinalis*).

L'arôme bien connu de la menthe (*Mentha*) vient de petits «sacs» situés à l'aisselle des feuilles. Parmi celles dont l'odeur est la plus puissante, on citera *Mentha requienii*, couvre-sol tapissant aux accents intenses, et *Mentha pulgeium* dont l'odeur est si forte qu'il sert de répulsif.

Une plante qui plaît à la fois à la vue et à l'odorat est le *Houttuynia cordata* 'Variegata' (également vendu sous le nom de *H. c.* Chameleon). Ses feuilles panachées de jaune, rouge, rose et crème ressemblent à des feuilles de lierre. Ecrasées, elle sentent l'écorce d'orange. Cette plante convient à une véranda ombragée, où l'on peut à la fois la voir et la sentir. Lorsqu'on l'aperçoit, on remarque tout d'abord son feuillage bigarré avant d'apprécier son parfum suave.

Tous les conifères à aiguilles – sapins, tsugas, pins, cèdres et thuyas – ont un arôme frais et résineux. C'est probablement dans le baumier (*Abies balsamea*), très courant dans le nord-est des États-Unis, qu'il s'exprime le plus clairement. Lorsqu'on enlève l'écorce de la plupart des pins, on découvre une résine claire et épaisse qui dégage une odeur très prenante.

CI-DESSUS : *Par les matinées ensoleillées, les herbes aromatiques – romarin, thym, lavande, marjolaine et sauge – exhalent leur senteur tonifiante. Dans le jardin d'Elmstead Market, dessiné par Beth Chatto à Colchester, en Grande-Bretagne, la lavande (*Lavandula stochea*) a fleuri en même temps que l'ail ornemental (*Allium aflatunense*), l'euphorbe (*Euphorbia wulfenii*) et le* Penstemon *'Evelyn'.*

PAGE CI-CONTRE : *Un jardin riche en herbes aromatiques dégage une odeur forte qui éloigne certains insectes des végétaux rares. Au premier plan, on a mêlé deux espèces de santolines :* Santolina virens *vert foncé et petit cyprès (*Santolina chamaecyprissus*) au feuillage gris blanc. Au fond, la lavande (*Lavandula angustifolia*) est en fleurs ainsi qu'un gros pied buissonnant de romarin (*Rosmarinus officinalis*) aux petites fleurs bleues. Ecrasées, toutes ces herbes dégagent des arômes forts. Nous sommes dans le jardin de Bill Slater, à Santa Barbara en Californie.*

LE PARFUM DES FLEURS SÉCHÉES

Certaines fleurs conservent leur parfum lorsqu'elles sont séchées, comme par exemple les roses anciennes et l'hysope. La championne de cette catégorie est l'*Anaphalis triplinervis*, également connue sous le nom de *A. cinnamomea*. Cette vivace rustique aux fines feuilles gris argenté produit à la fin de l'été une profusion de petites fleurs blanc perle au centre jaune qui restent longtemps épanouies. On en trouve une variété sauvage, l'immortelle de Virginie (*A. margaritacea*) sur tout le continent nord-américain, de l'Atlantique au Pacifique, du nord de l'Alaska jusqu'en Amérique Centrale. Tous les espèces d'*Anaphalis* ont une odeur entêtante de foin en fleur. Les fleurs sont parfaites pour réaliser des bouquets séchés qui conserveront leur beauté et leur parfum. Curieusement, leur odeur s'intensifie lorsqu'elle est associée à l'odeur camphrée des végétaux à feuillage argenté tels que la santoline, les armoises, la tanaisie et les achillées.

CONSERVER LES PARFUMS DE L'ÉTÉ

Grâce au pot-pourri, il est possible de conserver les senteurs estivales du jardin. Lorsqu'on évoque le pot-pourri, on pense généralement à un bol empli de fleurs séchées et posé sur une table. Pour que son odeur persiste plus longtemps, il est habituellement relevé avec des huiles essentielles, essence de rose, de citron, de romarin, etc. Exposés à l'air, la plupart des pots-pourris perdent leur arôme après quelques mois.

Plus romantique, et plus amusante, la méthode d'antan reflète le sens littéral du mot : un mélange pourri dans un pot. Plus précisément, il s'agit d'un mélange humide de pétales de roses, de fleurs et de feuilles aromatiques auquel on ajoute des épices, qui n'est pas présenté dans un bol mais dans un pot spécial.

Celui-ci, qui était très en vogue au XVIIIe siècle, comporte deux couvercles. Le couvercle intérieur est perforé et laisse échapper les odeurs, tandis que le couvercle extérieur est hermétique et conserve les parfums à l'intérieur tant qu'on le laisse en place. Si vous avez la chance de dénicher l'un de ces pots à double couvercle, achetez-le car ils sont difficiles à trouver ; on trouve beaucoup plus facilement ceux pourvus uniquement d'un couvercle perforé. Sinon, n'importe quel pot en céramique à couvercle hermétique convient. Il suffira de retirer le couvercle lorsqu'on voudra profiter du parfum.

Les pétales de roses constituent l'ingrédient de base de cette préparation. Pourtant, la plupart des roses exhalent un parfum évanescent alors que l'on cherche ici plus de permanence. On aura donc besoin de roses anciennes, et plus particulièrement de roses de Chine (*Rosa chinensis*), de roses de l'île Bourbon (*R.* x *borboniana*), de roses centfeuilles (*R. centifolia*), de roses de Damas (*R. damascena*), de roses de France (*R. gallica*) et des cultivars de *R. rugosa*.

Cueillez les roses le matin, entre dix et onze heures, en ne sélectionnant que celles qui sont à peine écloses. Evitez celles qui sont épanouies car leur parfum est déjà moins intense. Pendant la pleine saison de floraison, cueillez-en tous les jours. Retirez calices et tiges et étalez les pétales sur du grillage. Laissez-les une journée à l'abri du

CI-DESSUS :. *Les fleurs souvent font appel à plusieurs sens à la fois. « Rose » fait ainsi référence non seulement à la fleur du rosier – comme ces roses 'Friendship' du Manito Park à Spokane, dans l'état de Washington – mais également à une couleur et à un parfum.*

PAGE CI-CONTRE. *Les senteurs divines des roses et de la lavande se mêlent le long de la palissade du jardin de Ruth Bancroft, à Walnut Creek en Californie.*

Ci-dessus : *Dans le Chelsea Physic Garden à Londres, ces pivoines (*Paeonia officinalis*) évoquent un peu des roses anciennes.*

Page ci-contre : *Plantez quelques plantes parfumées dans des pots. Ainsi, lorsqu'elles fleurissent, elles peuvent être placées sur une véranda ou dans un endroit où l'on se réunit. Lorsque leur floraison est terminée, elles seront mises à l'écart. Dans un jardin dessiné par Tish Rehill à Long Island, dans l'état de New York, on a installé un* Lantana camara *'Allgold' aux fleurs jaune d'or, dont les feuilles, écrasées, dégagent un arôme piquant. En haut à gauche, le rosier commence à fleurir, et contre le mur du fond, le superbe* Mandevilla *'Alice duPont' produit d'abondantes fleurs*

soleil. Ils n'ont pas le temps de sécher complètement mais prennent une teinte foncée proche de celle du cuir.

Versez l'équivalent de deux petits bols de pétales bien tassés dans un pot en grès, puis ajoutez un quart de bol de gros sel. Alternez ainsi pétales et sel jusqu'à épuisement de la récolte du jour. Posez sur les pétales une assiette un peu plus petite que l'ouverture du pot puis une brique ou une pierre pour l'alourdir. Couvrez. Le sel exprime l'humidité présente dans les pétales. Chaque jour, ajoutez des pétales jusqu'à ce que le pot soit presque rempli ou qu'il n'y ait plus de roses. A chaque fois, remuez avant de rajouter des pétales sans oublier de reposer l'assiette et le poids. Notez le nombre total de bols de pétales.

Lorsque vous n'avez plus de pétales à ajouter, versez 60 g de poudre d'iris pour deux petits bols de pétales (environ 450 g). Remuez bien et laissez macérer jusqu'en octobre. Vous obtiendrez un mélange pâteux d'un brun terne, appelé « bouillon », qui fleure bon la rose.

Pendant l'été, coupez des tiges de lavande, de préférence *Lavandula angustifolia* ou *L. dentata*. La première est la plus odorante. Faites-les sécher dans un endroit frais et sec et conservez-les.

Tout au long de la saison, récoltez, coupez en morceaux, faites séchez avant de les conserver dans des bocaux en verre les feuilles des plantes suivantes : sauge (*Salvia elegans*), hysope, souci (*Calendula*), menthe coq (*Chrysanthemum balsamita*), basilic (*Ocimum*), angélique (*Angelica*), cirier (*Myrica californica*), thym citron ou cumin des prés, monarde (*Monarda didyma* ou *M. fistulosa*), sassafras et pélargoniums odorants.

En octobre, il est temps de mélanger le pot-pourri. Préparez des quantités égales d'épices entières : cardamone, clou de girofle, cannelle, muscade, macis, gousse de vanille, carvi, graine d'anis, baie de pyrole, gingembre séché et grains de poivre noir. Limitez la quantité de gingembre et de poivre noir. Ajoutez des lamelles séchées d'agrumes. A l'aide d'un pilon, écrasez bien le tout dans un mortier.

Pour chaque litre de bouillon, ajoutez une cuillerée à soupe rase d'épices. Ajoutez 450 g de fleurs de lavande séchées pour obtenir un mélange rose-lavande. Si vous souhaitez que l'odeur de rose prédomine, réduisez la quantité de lavande.

Ajoutez différentes feuilles séchées pour nuancer la composition. Pour des notes de tête, ajoutez plutôt de la sauge, de la monarde, de l'angélique et de la menthe coq. Pour accentuer celles du fond, ajoutez en revanche du basilic, du cumin des prés et du cirier. Evitez de mettre toutes les feuilles en proportions égales. Employez-les de la même façon que les herbes aromatiques dans la cuisine : elles servent à ajuster le goût ou, dans ce cas précis, la senteur.

Quand la préparation est prête, mélangez bien et laissez macérer quatre à six semaines, en recouvrant d'une assiette et d'un poids. Remplissez-en les pots à pot-pourri en les remuant de temps à autre pour raviver l'odeur. Ceux dont le couvercle est perforé peuvent être placés dans un tiroir.

A la différence des pots-pourris secs, cette composition humide conserve pendant des années son parfum, qui s'intensifie même avec le temps.

Il est également possible de conserver des roses entières, en choisissant là encore les variétés anciennes. Préférez les fleurs roses car sèches, elles gardent leur couleur. Les roses rouges ont tendance à noircir et les blanches à brunir. Les pétales de rose et les feuilles odorantes peuvent être séchées à four doux (thermostat 5 maximum) sur une plaque jusqu'à ce qu'ils soient bien secs mais non friables. Procédez de la même façon avec les boutons de roses. Mélangez-les avec des feuilles séchées, la lavande et la poudre d'iris dans les mêmes proportions que pour la fabrication du pot-pourri humide, sans ajouter d'épices.

Les pots-pourris sont réservés à l'intérieur de la maison, mais sur une véranda, on peut faire grimper des plantes près des endroits où l'on a l'habitude de se prélasser. Chèvrefeuille, clématite (*Clematis paniculata*), jasmin (*Trachelospermum jasminoides*), *Mandevilla laxa*, rosiers grimpants, glycine et bon nombre de plantes grimpantes odoriférantes conviennent parfaitement.

Sur une véranda, on peut également disposer des plantes odorantes cultivées en pots. Le réséda, les giroflées, le gardenia, la giroflée ravenelle et les pélargoniums odorants se prêtent particulièrement à cet usage. Une véranda bordée de plantes parfumées en pots sera remplie d'un parfum céleste tout au long de l'été.

Le toucher

Je sentais, du bout des doigts le baiser
piquant de la pluie
Effleurer tendrement mes lèvres
Edna St. Vincent Millay

Lorsque le chat rôde la nuit, ses longues moustaches lui servent d'antennes, le renseignent sur la distance qui le sépare des objets parmi lesquels il évolue, l'aident à repérer les obstacles, l'avertissent des dangers et élargissent de fait ses capacités tactiles. Ces vibrisses non innervées peuvent être mordues, coupées, voire brûlées, sans provoquer de douleur. En revanche, leur follicule, situé sous la peau, est relié à des terminaisons nerveuses extrêmement sensibles qui font que le chat perçoit le moindre de leurs mouvements. Ainsi, il ne sent rien lorsqu'on coupe ses moustaches mais il souffre dès que l'on tire dessus.

De même, c'est le système pileux recouvrant notre corps qui nous indique que nous sommes en contact avec quelque chose. Etendez un bras et frôlez-le du bout des doigts. Malgré leur finesse, les poils de votre bras envoient des influx nerveux aux neurones reliés à l'extrémité des follicules. Vous sentez les doigts passer alors qu'ils ne touchent pas directement votre peau. Si un insecte ou une personne que vous n'appréciez pas vous frôle ainsi, cela vous donnera la chair de poule. S'il s'agit d'une personne que vous aimez, la sensation sera très plaisante. Le contact physique est le même dans les deux cas, mais il est ressenti différemment sur le plan psychologique. La sensation agréable, désagréable ou neutre qu'il provoque, dépend en grande partie de la façon dont vous interprétez le contexte. La même sensation peut être ressentie comme plaisante sur une partie du corps et douloureuse sur une autre, en fonction de la densité des capteurs tactiles sous la peau. La répétition d'une caresse peut la rendre agaçante, voire insupportable. En revanche, certains contacts ont des pouvoirs que l'on peut qualifier de thérapeutiques : la paume d'une mère sur le front fiévreux de son enfant, la main du guérisseur sur un malade, le contact entre la terre et la peau. Source de mystère et d'émerveillement, ce dernier possède un pouvoir très fort.

A gauche : *Dans le Van Dusen Botanical Garden, à Vancouver au Canada, des sections de tronc d'arbre posées sur le sol et bordées de bruyère (*Erica*) guident les pas et protégent de la boue. Parfois, lorsque l'on se débat dans ses problèmes quotidiens, le contact de la boue et de la terre peut apaiser notre âme inquiète.*

Pages 112-113 : *Ce pot est planté de végétaux très doux au toucher, parmi lesquels les petites fleurs d'*Erigeron *'Profusion' et les coupelles violettes de* Nierembergia hippomanica*. Placé à portée de main des passants curieux dans les jardins d'Old Westbury, dans l'état de New York.*

LE JARDIN TACTILE

Les véritables jardiniers savent bien que l'un des grands plaisirs de leur activité consiste à remuer la terre, à plonger les mains dans cette matière humide et nourricière. Pour transformer les mottes dures et sèches en un terreau riche, il faut compter environ trois ans. Dans l'un de mes premiers jardins, le sol ressemblait au printemps à du béton ; il me fallut une pioche pour ouvrir des sillons dans le potager ! Pour nourrir les légumes, j'ai étalé du compost dans les rangs, que j'ai ensuite recouverts d'une épaisse couche de feuilles de maïs. La première année vit pousser peu de choses à l'exception de la salsepareille et de la bardane ; c'était un début. Pendant l'hiver, le paillage s'est décomposé et la couche supérieure du sol est devenue plus souple.

Au printemps suivant, j'ai pu retourner la terre avec une pelle et dégager les plus gros cailloux. J'ai demandé à l'un de mes voisins agriculteur de venir avec ses machines épandre quinze centimètres de fumier sur tout le potager avant de le retourner avec sa charrue.

L'été apporta avec lui une jungle de mauvaises herbes ainsi qu'une respectable récolte de légumes. La terre était suffisamment riche pour

A DROITE :
*Certains arbres font tout pour qu'on les touche, ne serait-ce que pour peler quelques lamelles de leur écorce exfoliante. Ce bouleau noir (*Betula nigra*) est planté dans le jardin de la princesse Sturdza, à La Vastérival à Varengeville-sur-mer.*

Ci-dessus : *Le rosier a une texture grossière par contraste avec le feuillage fin de la plante qui pousse à ses pieds, contre la balustrade en pierre. Cette association charmante se trouve à Cambo, en Grande-Bretagne.*

Page ci-contre, en haut : *Certaines fleurs semblent nous inviter à les toucher, comme par exemple les fleurs plumeuses de la reine-des-prés (*Filipendula ulmaria*) tout juste écloses. Elles tirent encore sur le vert mais deviendront blanc crème lorsqu'elles seront épanouies. Dessous, poussent des* Tellima grandiflora *aux feuilles finement veinées. Les* Geranium psilostemon *et le* Meconopsis *ajoutent des notes colorées à ce massif du jardin Joseph Woods, à Upton Cheyney en Grande-Bretagne.*

Page ci-contre, en bas : *Dans le jardin de Jim et Connie Cross à Cutchogue, dans l'état de New York, des pieds de* Stachys byzantina *– dont les feuilles sont parmi les plus sensuelles du jardin – et de corbeille d'argent (*Iberis sempervirens*) poussent entre les dalles de pierre qui forment un chemin.*

faire pousser des haricots gros comme des raisins. J'utilisai les mauvaises herbes pour en faire de l'engrais vert en les coupant avant de les retourner dans la terre. Ensuite, j'étalai une épaisse couche de foin. Pendant l'hiver, le foin pourrit et se mélangea au fumier décomposé, ce qui donna quinze centimètres de terreau sombre, humide et friable.

Le troisième printemps, j'ai fait épandre en couche épaisse sur tout le potager une tonne de compost de champignon, puis je l'ai retourné sur une profondeur d'environ vingt-cinq centimètres. Après ce long travail préparatoire, le jardin n'a désormais besoin que d'amendements moins élaborés ; un paillage décomposé suffit pour que la terre reste riche et souple à tel point que pour épater mes amis, j'ai pour habitude d'y plonger les bras jusqu'aux coudes.

C'est une méthode qui est efficace même sur un sol très appauvri. Bien amendée et travaillée, la terre permet d'obtenir un jardin sain, qu'il soit utilitaire ou d'ornement. Faire du compost et amender la terre sont des occasions de prendre la terre à pleines mains, de ressentir la sérénité immense et l'équilibre qui s'en dégagent, de toucher la matrice originelle où nous retournerons un jour.

Dans un jardin, le sens tactile n'est généralement pas celui qui est le plus sollicité, mais on peut lui donner plus d'importance en effectuant certains aménagements dans le paysage. Pour que l'on puisse prendre pleinement conscience de ce sens, qui le plus souvent fonctionne en concert avec les autres et non en solo, il faut imaginer certaines expériences tactiles « obligatoires », en disposant par exemple des plantes, des pierres ou des sculptures là où on ne peut manquer de les toucher. Sinon, si l'on marche le nez en l'air en rêvassant, on risque de passer sans poser la main sur le mur râpeux, la rivière de mousse ou les pétales d'une pivoine épanouie qui se défait au moindre effleurement.

Trop de jardins sont composés dans l'idée de former une belle image, sans tenir compte du fait que leur espace est tri-dimensionnel . On apprécie tellement plus un jardin lorsqu'on est en permanence étonné par la façon dont il anticipe et comble les désirs inconscients de nos sens. Ce type de jardins révèle celui qui l'a conçu par des faits et non par des intentions : des roses parfumées tombant en cascade au-dessus du chemin, une pierre porte-bonheur que l'on frotte lorsqu'on est assis sur le banc, un tapis de mousse sur lequel on s'agenouille pour se désaltérer au bord d'un petit bassin alimenté par une source…

Le contact des plantes peut apporter l'apaisement. Il suffit pour s'en convaincre de s'imager allongé au soleil sur le dos, au milieu d'un champ de graminées, le regard perdu dans le ciel, enveloppé dans un nid douillet d'herbes protectrices.

Les graminées sont parmi les plantes qui déclenchent le plus de réactions tactiles. Il faut les placer en premier lieu le long des chemins, afin qu'on ne puisse résister à l'envie d'effleurer leurs longues feuilles et leurs épis soyeux.

Parmi les plantes intéressantes sur le plan tactile, on notera l'arbre de soie (*Albizia julibrissin*), qu'il faut planter à environ 4 m du chemin afin que ses branches retombantes mettent les feuilles plumeuses à la portée des passants. Ses légères fleurs blanches et rose carminé ressemblent à de petits lampions posés sur les branches, que l'on distingue même la nuit.

L'éclairage nocturne crée des ombres marquées, qui tendent à accentuer l'aspect tactile des plantes. L'angélique épineuse (*Aralia spinosa*) semble redoutable le jour, mais une fois illuminée par des projecteurs, elle prend l'allure menaçante d'un fantôme couvert d'épines.

Les plantes peuvent également nous guérir. Un jour, j'étais à la pêche lorqu'une abeille me piqua le petit doigt. Apparemment, elle injecta son venin directement dans une veine. En quelques minutes, mon corps était couvert d'une gigantesque éruption et je souffrais d'un mal de tête lancinant. De retour à la maison, une amie cueillit des feuilles de plantain, les écrasa et m'en frotta le corps. Immédiatement, les démangeaisons cessèrent. Le lendemain matin, il ne restait des marques rouges que sur mes pieds : c'était le seul endroit qu'elle avait oublié de frotter.

Toucher aux plantes peut parfois être dangereux. Le laurier-rose est extrêmement vénéneux et ses toxines peuvent passer à travers la peau. Le sumac vénéneux (*Rhus toxicodendron*) inquiète les promeneurs dans toutes les régions des États-Unis. Les épines des ronces rendent périlleuse et douloureuse la cueillette de quelques mûres sucrées.

DESSINER UN JARDIN TACTILE

Malgré ces mises en garde, le jardin est riche en expériences tactiles. Souvent négligé aux dépens des plaisirs visuels et olfactifs, le toucher peut enrichir les impressions sensorielles que nous offre le jardin.

Certains végétaux nous supplient de les toucher. Si le bouillon blanc (*Verbascum thapsus*) n'était pas si commun et venait par exemple des hauts plateaux chinois, il serait vendu à prix d'or pour ses larges feuilles duveteuses gris-vert à reflets argentés. S'il pousse dans votre jardin, prenez-en soin. C'est une bisannuelle qui produit la première année une grande rosette de feuilles l'année suivante, il en émerge une hampe florale où s'ouvrent tout au long de l'été de jolies fleurs jaune pâle. Un autre espèce de molène (*Verbascum blattaria*) est souvent cultivée au jardin et des cultivars ornementaux sont vendus dans le commerce. Pourtant, aucun n'égale *V. thapsus* et le velours argenté de son feuillage.

D'autres plantes offrent un intérêt tactile aussi important : le cyprès de Lawson (*Chamaecyparis lawsoniana*) aux douces feuilles pointues, le prêle (*Equisetum*) au contact étrange, les feuilles plumeuses du *Dicentra*, le *Mertensia* aux feuilles soyeuses et les armoises (*Artemisia*) au feuillage gris-vert (et en particulier le très bel *A. schmiditiana* 'Silver Mound', dont la masse de feuilles d'un gris soyeux appelle les caresses).

Certains végétaux réservent des surprises. C'est le cas par exemple de la sensitive (*Mimosa pudica*), dont les folioles se replient, ou encore du *Neptunia plena*.

Parmi les plantes douces et soyeuses qui ne demandent qu'à être touchées, on peut citer le *Stachys byzantina*, au feuillage gris-argenté duveteux, ou le *Pelargonium tomentosum* au parfum de menthe poivrée et aux feuilles poilues. Certaines feuilles ont l'aspect du cuir, comme celles du magnolia ou des lis *Erythronium americanum*, brillantes, d'un brun marbré de vert. L'invitation de certains végétaux – comme par exemple les fougères, les mousses et la *Selaginella*.– est encore plus engageante et l'on ressent non seulement l'envie de les toucher, mais aussi de s'allonger dessus quelques minutes, les yeux clos avant de repartir, reposé Les mousses sont particulièrement attirantes pour ces moments de détente, de même que certaines graminées, comme le *Pennisetum* aux longues queues de renard ou les gracieuses plumes du *Miscanthus sinensis* 'Gracillimus' qui apportent d'autres plaisirs tactiles.

Certaines fleurs aussi donnent envie de les toucher. J'adore sentir les pétales soyeux du *Magnolia grandiflora*, frôler les vaporeux bouquets blancs du sureau du Canada (*Sambucus canadensis*) et j'éprouve toujours autant de plaisir à toucher les pétales de roses. Ces préférences tactiles varient bien entendu d'une personne à l'autre. Ma bru aime passer les doigts sur les pétales veloutés des pensées noires (*Viola* spp.) qui sont à son avis plus doux que les ailes de papillon. L'écorce grise et lisse du hêtre d'Amérique (*Fagus grandifolia*) est attirante. A la vue du tronc moucheté du cerisier, on est tenté d'y passer la main pour sentir le contraste entre les lenticelles râpeuses et l'écorce polie. La surface du bouleau (*Betula alleghaniensis*) provoque des sensations similaires.

Les orties (*Urtica dioica*) représentent le revers de la médaille. Les feuilles de cette plante très répandue dans les jardins, les prés ombragés et les lisières des bois, sont hérissées de tubules emplis d'un composé chimique relativement fort : l'acide formique, la même substance que celle qu'injectent les fourmis quand elles piquent. A la suite d'un simple contact (et même d'un effleurement) avec une ortie, la peau rougit et picote pendant plusieurs heures.

Fort heureusement, la croyance populaire, selon laquelle la nature place à proximité de chaque substance toxique son antidote, s'avère fondée. Habituellement, la bardane pousse non loin des orties et sa sève atténue l'irritation qu'elles provoquent. Cette règle s'illustre également avec le sumac vénéneux et la balsamine (*Impatiens biflora*) :

A DROITE : *Dans le Royal Botanic Garden d'Edimbourg en Ecosse, des surfaces très diverses sollicitent l'attention des visiteurs : ils peuvent effleurer l'eau du bout des doigts, prendre à pleines mains la vase froide, sentir les pierres sous leurs pieds, faire rouler les longues feuilles ensiformes, vertes et jaunes, de l'iris des marais (*Iris pseudoacurus *'Variegata') et caresser les feuilles rondes et douces de* Hosta Sieboldiana *après avoir franchi le petit gué.*

Ci-dessus : *Les lignes verticales très fortes, créées par les bambous et les planches de la maisonnette, doivent être atténuées par des végétaux. Il eût été tentant d'encombrer les abords du bâtiments de toutes sorte de plantations. Ruth Bancroft, qui vit à Walnut Creek en Californie, a choisi la simplicité. Avec un rosier rouge qu'elle a palissé sur le mur – et qui attire d'autant plus l'attention qu'il est seul – elle a apporté la note exacte de fantaisie qui était nécessaire.*

lorsqu'on applique rapidement et règulièrement de sa sève, l'éruption du sumac disparaît en deux jours au lieu d'une semaine ou plus comme c'est le cas normalement.

Outre les plantes toxiques, il existe également de nombreux végétaux dont le contact nous rebute et en particulier les cactées, les *Euphorbia* épineuses et le houx. Sur le chapitre de la douleur qu'elles peuvent provoquer, peu de plantes sont aussi vulnérantes que la raquette (*Opuntia bigelovi*). On se repent longtemps de s'être piqué à l'un de ses aiguillons acérés.

La nature humaine est assez perverse pour nous pousser à tester avec le pouce les défenses végétales et autres épines des plantes. Les bordures dentelées des feuilles, comme celles de l'*Aloe vera* ou d'autres succulentes, ou les bogues des châtaignes donnent des frissons lorsqu'on passe la main dessus. Nous manipulons les dures coquilles de graines ou de noix non par simple plaisir mais plutôt par gourmandise, car nous cherchons à les ouvrir pour savourer ce qu'elles renferment. On se réjouit d'être parvenu à forcer l'épaisse coquille semblable au liège des noix d'Amérique (*Carya ovata*).

Tous les éléments du noyer d'Amérique constituent d'ailleurs un véritable régal pour le toucher : une écorce velue qui se détache par lames écailleuses, des chatons qui pendent à la base des feuilles au printemps, des fruits lisse à l'intérieur des coquilles et leur chair brune et luisante. Ces noix ont une saveur unique, riche et intense, qui prédomine lorsqu'elles sont mélangées à d'autres ingrédients, en particulier dans certains gâteaux, dont je garde un souvenir ému.

On s'amuse à éplucher la fine enveloppe des noisettes, qu'elles viennent du *Corylus americana* ou des hybrides de *Corylus*. Les fruits du noyer noir (*Juglans nigra*) sont entourés d'un brou vert et granuleux que l'on peut frotter entre ses mains comme une balle, du moins avant qu'il ne se ramollisse. Assez rapidement, il se désagrège en une matière noirâtre qui laisse des taches presque indélébiles sur les mains. Une fois sec, on le sépare de la noix avec des gants. Le goût de ces noix, presque aussi fort que celui des noix d'Amérique, est moins sucré et légèrement amer.

Lorsque j'avais six ou sept ans, le trésor le plus précieux des enfants de mon âge était un marron brillant. Il me semble que l'on plante dans tous les pays des marronniers d'Inde (*Aesculus hippocastanum*) le long des chemins menant aux écoles primaires et autour des terrains de jeux. Devenu adulte, mon attention s'est tournée vers les impressionnantes grappes florales en thyrse qui ornent ces arbres au printemps, mais lorsque j'étais enfant, ils ne m'intéressaient qu'au moment où ils laissaient tomber à terre leurs bogues épineuses. Nous les ouvrions pour découvrir nos objets de collection. Notre curiosité tenait en partie au contraste entre l'imposante bogue hérissée de piquants et l'aspect lisse des marrons.

Pour rendre votre jardin ou votre intérieur plus riche sur le plan tactile, accrochez des objets ou plantez des végétaux à portée de main, qui seront selon les cas soyeux, veloutés, poilus, caillouteux, granuleux, brillants ou lisses. Au-dessus de la véranda, suspendez un pot garni de fougères (*Asparagus densiflorus* 'Sprengeri') dont on pourra caresser les frondes au passage, ou faites courir le long de la balustrade un pied de fruit de la passion (*Passiflora alatocaerulea*) qui sacrifiera ses fleurs complexes aux mains d'un apprenti-chercheur. Disposez dans une jardinière des cailloux au milieu d'une étendue de serpolet (*Thymus lanuginosis*) ou plantez du gypsophile (*Gypsophila paniculata*) près des marches où l'on passera distraitement la main .

Le sillon latéral qui court le long des cannes de bambou est tentant. C'est aussi vrai des plantes à fleurs plumeuses, que l'on ébouriffe au passage : l'*Astilbe*, la barbe-de-bouc (*Spirae aruncus*), l'*Eremurus*, le *Cimicifuga*, l'herbe des Pampas (*Gynerium argenteum*). Leur liste est longue et chacune d'elle donne envie d'y passer les doigts. Mais qu'en est-il des orteils ?

EN HAUT : *Les galets pris dans le ciment des dalles constituent un plaisir tactile supplémentaire, qui s'intensifie si l'on retire ses chaussures : on sent alors les galets lisses et la rugosité du ciment. Aloes, orpins et pélargoniums sont groupés dans des pots près d'un banc, dans le jardin de Beth Chatto à Elmstead Market, à Colchester en Grande-Bretagne.*

A DROITE : *La texture visuelle du cèdre de l'Himalaya (Cedrus deodara 'White Imp'), tendre et soyeuse, contraste avec la véritable texture de ses aiguilles, assez dures et piquantes. Ses branches retombent sur des pieds d'*Aethionema grandiflorum *dans l'Atlanta Botanic Garden d'Atlanta, en Géorgie.*

PIEDS NUS DANS LE JARDIN

Notre sens du toucher fonctionne aussi bien avec les pieds qu'avec les mains, et il est possible de le prévoir dans la conception d'un jardin des sens. Les différents matériaux de pavage permettent de varier les revêtements qui recouvrent une allée. On provoque ainsi des plaisir sensuels qui, tout en restant probablement en-dessous du seuil de la conscience, sont plaisants et renforcent l'agrément qu'offre le jardin. Dans le choix des matériaux, la fonction doit déterminer la forme, et le jardinier fera appel à celui qui est le plus adapté à l'usage prévu. Dans un endroit marécageux, on posera des planches ou des caillebotis pour éviter d'avoir à marcher dans la boue. Là où un soleil abondant fait proliférer les mauvaises herbes, il est préférable de prévoir un chemin en ciment (brut, incrusté de cabochons noirs ou encore teinté dans la masse avec des pigments). Un chemin qui traverse un endroit ombragé peut être recouvert de copeaux d'écorce ou autres matériaux naturels. Pour gravir une pente, de gros galets plats formeront des marches naturelles. Pour mettre en valeur la forme d'une bordure, choisissez du gravier qui crisse sous les pas. Pour traverser une étendue de pelouse, créez un chemin avec la tondeuse. On peut rendre impressionnants tous les lieux de passage, et même un sentier en terre battue.

Le jardinier peut ainsi imaginer un « jardin pieds nus », où l'on est invité à se déchausser pour visiter le jardin. On découvre ainsi du regard les compositions aménagées près du sentier et l'on ressent des sensations imprévues en marchant.

Là où une halte est bienvenue, placez un banc ou de grosses pierres où s'asseoir. J'ai trouvé un jour dans un bois, à un peu moins de 2 km de chez moi, une pierre qui formait un siège naturel et dont les creux épousaient parfaitement les formes de mon postérieur ; en outre, elle était située exactement à la bonne hauteur. Je venais fréquemment m'y asseoir, avec la conviction intime que la nature est le véritable foyer de l'homme et que je me trouvais à ma place.

En raison de cette expérience et d'autres du même ordre, je suis toujours à la recherche de pierres aux formes exceptionnelles pour les intégrer dans mon jardin. Elles sont à la fois esthétiques et fonctionnelles : elles se transforment selon les cas en escalier, en soutènement, en pavage, en muret ou en terrasses. Entre le quartz lisse, usé par la pluie, l'ardoise à grain fin, les conglomérats de sable ou le plus dur des granits, la pierre offre de nombreux intérêts sur le plan tactile.

Les pierres aux formes curieuses sont à placer près des bancs ou des sièges afin que l'on puisse y poser la main presque par mégarde et s'y attarder.

Les éléments d'ornement architectural – pergolas, bancs et balustrades – existent dans des styles très différents. Le métal émaillé ou poli, aux lignes dépouillées, crée un contraste avec l'environnement végétal. D'autres modèles aux lignes très rustiques rappellent le style « naturaliste » du jardin-dans-les-bois que l'on affectionnait au siècle dernier et se fondent plus facilement dans le paysage. Dans les deux cas, leur surface est en général très agréable au toucher. Les sculptures destinées aux jardins peuvent l'être également, si elles sont conçues à cette fin. Les formes arrondies en laiton ou en cuivre poli sont si attirantes qu'elles sont employées dans la fabrication de fontaines, où l'eau les caresse continuellement.

Page ci-contre : *Cette fête tactile a été soigneusement orchestrée le long d'un sentier, dans un jardin dessiné par Oehme et Van Sweden à Long Island, près de New York. On ne peut éviter de se frotter aux épis soyeux de* Pennisetum alopecuroides *à gauche, d'ébouriffer les fleurs laineuses du Sedum 'Autumn Joy' à droite et de caresser le feuillage pointu des genévriers bleu-vert un peu plus loin.*

Ci-dessus : *Si l'on ne peut atteindre l'écorce pour la caresser, on peut imaginer le contact des autres plantes sur sa surface. Dans le jardin de la princesse Sturdza, un lierre (*Hedera helix*) escalade le tronc d'un bouleau blanc (*Betula pendula*).*

Pages 124-125 : *Ce jardin est empli de choses à toucher, à sentir et à observer. Ce chemin engazonné est une invitation à se mettre pieds nus. Les* Stachys *et les fleurs bleu clair du lin vivace (*Linum perenne*) plus loin à droite, implorent des caresses. Au fond, les haies de buis parfaitement taillées acceptent que l'on éprouve de la main leur surface un peu rugueuse. Cette photographie a été prise dans le jardin du marquis et de la marquise de Salisbury, à Hatfield en Grande-Bretagne.*

TOUCHER AVEC LES YEUX

La véritable texture est très différente de la texture visuelle. L'aspect et le contact sont parfois très différents. Une surface peut sembler lisse et brillante et se révéler collante au toucher ; paraître rugueuse et granuleuse et être douce et spongieuse sous la main, comme avec certaines mousses. La vue et le toucher sont inextricablement liés dans la sensation que l'on a de « l'atmosphère » d'un jardin. Pour cette raison, nous prendrons ici en considération à la fois l'aspect visuel et tactile de la texture.

En effet, la « texture visuelle » est l'un des éléments dont il faut tenir compte au moment où l'on conçoit un jardin. Assez souvent, les erreurs dans ce domaine sont assez disgracieuses. Par exemple, un grand nombre de plantes persistantes à petites feuilles forment une masse brillante qui devient rapidement fatigante à regarder.

De même, une trop grande quantité de feuilles similaires au même endroit produit un effet inesthétique. Il est indispensable de jouer sur les contrastes. Les paysagistes parlent dans leur jargon de « texture » fine, moyenne ou épaisse. Les feuilles de petite taille ou très régulières, comme celles du cèdre du Liban (*Cedrus libani*) ou les graminées fines comme l'*Helictrotrichon* sont des exemples de la première catégorie. De très nombreux végétaux possèdent une texture moyenne comme les spirées et le cornouiller (*Cornus*). Les végétaux à texture épaisse ont habituellement des feuilles larges ou qui dessinent des motifs irréguliers, tels le *Mahonia bealei* ou le *Magnolia grandiflora*. Les feuilles brillantes augmentent l'effet de rugosité, les feuilles de houx font partie de cette dernière catégorie. Le feuillage du camélia est également très brillant, mais comme on le plante en général à l'ombre, ses bords lisses et son port architectural le rangent parmi le groupe intermédiaire.

Les végétaux à feuillage terne ou mat se rangent plus facilement dans les textures moyennes que ceux à feuillage brillant. Les plantes à feuilles velues (telles que les *Tomentosum*) ou argentées créent une impression de douceur qui les classent parmi les textures fines. Les végétaux à feuillage hérissé de poils tels l'*Aralia*, ou à épines, tels le rosier, sont à classer parmi les textures moyennes. Le palmier *Sabal*, en forme d'éventail, et le *Washingtonia* sont caractéristiques des végétaux à texture épaisse.

En fait, il n'est pas difficile de différencier ces trois catégories de textures visuelles. Afin de bien marier les différentes textures, il est préférable d'employer les végétaux à texture épaisse en moins grande quantité que ceux au feuillage plus fin. Plus le feuillage est « gros », plus il doit servir à créer des « accents » dans le jardin.

Des couvre-sol à feuillage fin, comme le chapeau d'évêque (*Epimedium rubrum*) ou l'aspérule odorante (*Asperula odorata*) sont plus décoratifs en grandes étendues que ceux aux feuillage plus gros comme par exemple le millepertuis (*Hypericum*). Là encore, il faut toujours penser au contraste. Parmi les couvre-sol à texture moyenne, on peut citer le *Pachysandra*, la petite pervenche (*Vinca minor*) et l'*Asarum europaeum*. On pourrait s'attendre à ce que certains végétaux à grandes feuilles, tels les *Hosta*, fassent partie des textures épaisses, et pourtant leur forme élégante et l'aspect gaufré de leurs feuilles en font pour la plupart des plantes à texture fine, à l'exception de *Hosta plantaginea* qui à mon avis a une texture épaisse.

Les fougères, même les plus hautes, peuvent servir de couvre-sol. Leur texture est variable, mais la plupart du temps elle se situe dans la catégorie fine. Elles ont un port noble et s'entourent d'un silence qui semble venu de l'époque très lointaine à laquelle elle sont apparures sur la terre. L'association des fougères et des *Hosta* est un grand classique, ainsi que le décor composé d'une pièce d'eau entourée des seules fougères, à l'ombre de grands arbres. Parmi les fougères aux dessins délicats, on dénombre le capillaire (*Adiantum pedatum*), le *Dennstaedtia pedatum* à l'arôme de foin, et la fougère femelle (*Athyrium filixfemina*). Le cousin japonais de cette dernière, *A. goeringianum*, quoique de forme similaire, semble moins fin en raison de son panachage et de son port quelque peu désorganisé, avec certaines frondes s'aplatissant à terre. D'autres grandes fougères, comme *Osmunda cinnamomea*, possèdent une forme élégante mais une texture visuelle assez grossière.

Il est possible de modifier les surfaces telles que nous les percevons en faisant varier les

textures, par exemple en incorporant dans des masses de végétaux à texture épaisse de délicats feuillages, en faisant voisiner des feuilles grandes et petites, brillantes et ternes, pourpre et vert tilleul, régulières et irrégulières.

On peut encore s'amuser à faire fi des règles et jouer avec les textures. Dans le Golden Gate Park de San Francisco, se trouve le Strybing Arboretum, qui rassemble des hectares de beaux jardins et de fascinantes plantations. A proximité d'un étang se dressent de hauts *Gunnera manicata* aux feuilles hérissées de poils au-dessus de longues tiges velues. Leurs grosses racines rentrent et sortent de terre. Des fougères d'apparence collante et des plantes épineuses bordent le chemin boueux.

C'est par le toucher que l'on découvre la texture d'un objet et ce sont les variations de cette texture, ses qualités physiques plus qu'esthétiques, qui le rendent intéressant et séduisant.

CI-DESSUS : *Les pierres brutes de l'enceinte du jardin donnent un peu de solidité à ce décor évanescent composé pour l'essentiel de feuillages. Les lilas en fleurs le long du mur ainsi que la grande consoude (*Symphytum officinale*) en bas à droite, complètent cette superbe composition de végétaux et de pierre dans le jardin de Frank et Marjorie Lawley en Grande-Bretagne.*

L'ouie

J'aurai neuf rangs de haricots, j'aurai une ruche
Et dans ma clairière je vivrai seul, devenu le bruit des abeilles.

W.B. Yeats

Pages 128-129 et ci-dessus : *En hiver, nuages, brouillard et neige créent une atmosphère ouatée autour de ce belvédère situé dans les Wayside Gardens, à Creston au Canada. Sur les pages précédentes, on peut voir le même belvédère en été et le vaste paysage qui l'entoure.*

J'avais déterré une grosse pierre au beau milieu du jardin et j'avais décidé que cet endroit serait le centre de mon « temple », une pergola en bois brut qui soutiendrait aux quatre coins une plante grimpante : un rosier au sud-ouest, une clématite (*Clematis paniculata*) au nord-ouest, une glycine au nord-est et une vigne au sud-est.

Je replaçai cette grosse pierre dans un endroit que j'avais aplani et recouvert de galets et de gravillons. Un jour, fatigué et échauffé par mon travail au jardin, je m'assis sur la pierre et assistai pour la première fois au concert de l'oiseau moqueur.

Je découvris avec ravissement qu'il imitait l'un après l'autre le chant des autres oiseaux, de façon assez fidèle pour que je puisse en identifier plusieurs. J'attendais avec impatience qu'il imite le chant du rouge-gorge, et lorsqu'il s'exécuta, je me surpris à l'applaudir.

A l'état sauvage, la nature nous dévoile son art de l'harmonie visuelle. Les senteurs des fleurs révèlent ses talents de maître parfumeur. Enfin, les sons que l'on peut entendre lorsqu'on s'y promène permettent d'apprécier son œuvre de compositeur. Elle joue habituellement dans des registres sereins et reposants, mais elle peut aussi adopter des timbres plus durs et stridents ; ils sont tous habités d'une telle force que l'on s'émerveille de sa majesté et de son mystère.

La pinède qui se dresse à proximité de ma maison filtre les gémissements des vents en hiver et les transforme en un sifflement impétueux. Un vent suffisamment puissant peut faire chanter les arbres dénudés et les lignes électriques, mais ce sont des sons assez aigus et non apaisants.

Le fait que les chants d'oiseaux aient pour la plupart des qualités mélodieuses est à mon avis une preuve que le monde est intrinsèquement bon. Les oiseaux rapportent leurs notes charmantes de très loin : un petit gazouillis du Brésil, un ululement de l'immensité du grand Nord, un peu de douceur volée dans un jardin d'Amérique centrale et qui vient agrémenter le mien de sa musique. Pourtant, c'est une musique que nous écoutons peu.

Le chant des oiseaux nous accompagne presque en permanence pendant les journées de printemps et d'été, et parfois une note mélancolique dérange notre sommeil. Cependant, il faut faire un effort pour se concentrer sur cette musique et l'écouter comme on écouterait de la musique symphonique. Peut-être est-ce moins difficile en hiver, quand les oiseaux sont moins nombreux. Le chant de la mésange est la mélodie des froides journées hivernales ; elle s'accompagne des notes graves du vent qui souffle à travers les arbres et du tintement des branches recouvertes de glace.

Quelques années après le concert de l'oiseau moqueur dans mon jardin, j'ai eu le privilège d'entendre le compositeur John Cage parler de cette capacité de concentrer notre attention sur l'ouïe et de prendre pleinement conscience de ce qui nous entoure. Sa thèse est que dès que l'on parvient à cet état de concentration, il faut considérer que tous les sons sont musicaux : l'avion dans le ciel, la voiture qui passe, les klaxons, le vrombissement d'un moteur, le bruit des insectes, des oiseaux, les aboiements des chiens. Tous ces éléments expriment un rythme naturel et se fondent dans une symphonie sonore infinie, dans laquelle on peut prendre plaisir à s'immerger dès qu'on en ressent l'envie. Cette combinaison est à la fois le fruit du hasard et d'une volonté. Cage insistait sur le fait que nous découvrions par le hasard l'un des principes qui gouvernent l'univers.

Ci-contre : *Les fleurs et la musique sont intimement mêlées dans notre sensibilité. A Heronswood, un jardin dessiné par Dan Hinkley à Bainbridge Island dans l'état de Washington, les lis (*Lilium formosanum*) claironnent des notes aiguës, soutenus par les basses de la sauge (*Salvia amplexicaulis*) aux fleurs violet foncé.*

Ci-dessus : *En installant des mangeoires à différentes hauteurs dans son jardin de Decatur en Géorgie, Ryan Gainey a introduit une note de fantaisie mais aussi la musique mélodieuse des oiseaux qui s'égrène d'arbre en arbre.*

Page ci-contre : *Pour qu'ils se plaisent dans un jardin, les oiseaux ont besoin de trouver abri et nourriture. C'est pourquoi on doit y planter des végétaux très divers. Ce massif, photographié dans un jardin privé du Connecticut à la fin de l'été, permet aux oiseaux de se cacher dans un* Chamaecyparis obtusa *conique (à gauche) ou sous les hautes graminées (*Miscanthus sinensis *'Variegatus') au centre. Ils se nourrissent des fruits du rosier, au fond, et de graines de verveine (*Verbena*), d'*Aster frikarti *et d'*Aster mowa*, d'*Artemisia *et de chou ornemental (*Brassica oleracea*).*

DES CHANTS D'OISEAUX DANS LE JARDIN

Pour apprécier au mieux les richesses sonores de votre jardin, installez-vous dehors par une belle journée d'été et écoutez attentivement. Les oiseaux chanteurs varient selon les régions, mais tout jardinier apprécie la visite de ceux dont les noms suivent :

Bouvreuil	Jaseur
Bruant	Linotte
Cardinal	Loriot
Chardonneret	Mésange
Engoulevent	Oiseau moqueur
Etourneau	Pinson
Fauvette	Pivert
Grive musicienne	Roitelet
Gros-bec	Rossignol
Hirondelle	Sittelle

Même le troglodyte, assez querelleur, est le bienvenu, ainsi que le criaillement des faisans dans les champs alentours.

En leur offrant gîte et/ou nourriture, on peut attirer ces oiseaux et bien d'autres dans son jardin. Pendant la saison froide, il faut installer des mangeoires ; le reste de l'année il n'est pas nécessaire d'intervenir dans les interactions de la flore et la faune. Pour les allécher, plantez des végétaux à baies, tels que les viornes (*Viburnum*), *Pyracantha*, cornouillers (*Cornus*), oliviers de Bohême (*Elæagnus angustifolia*) et bien d'autres. En les massant loin des endroits de passage – c'est particulièrement vrai de l'olivier de Bohême, dont les baies sont très prisées des oiseaux – vous créerez des fourrés qui leur permettront de se percher et de nidifier. N'oubliez pas d'attacher un grelot au cou de votre chat : ce serait injuste d'attirer les oiseaux dans votre jardin pour qu'ils se fassent dévorer.

Si le chant des oiseaux domine habituellement le paysage sonore, il arrive que certains endroits baignent dans un silence impressionnant. Plus le calme s'installe, plus le silence devient « sonore », jusqu'à ce que l'on finisse par entendre le sang battre dans les veines. Rares sont ces moments de paix absolue : on en fait parfois l'expérience près d'un lac de montagne ou dans un endroit isolé de la Creuse ou de l'Ariège. Ils ne durent jamais longtemps, car ils sont vite brisés par le bruit d'un avion dans le lointain, le cri d'un écureuil ou le saut d'un poisson dans l'eau.

Certains compositeurs ont essayé de reproduire cette immensité, le chant des oiseaux et les sons de la nature. L'exemple le plus célèbre est sans doute la 6ème Symphonie de Beethoven, dite la Pastorale. C'est une merveilleuse évocation d'une promenade dans la campagne entourant Vienne par une belle journée d'été ensoleillée, au milieu des pépiements des oiseaux. Soudain, les nuages s'accumulent et obscurcissent le ciel ; l'orage éclate et rompt cette sérénité. Tout est recouvert d'une pluie froide. Aussi soudainement, l'orage cesse et le soleil réapparaît. La musique célèbre le retour à la vie et nous entraîne dans une liesse débordante avant que la symphonie ne s'achève.

Ci-dessus : *Dans le jardin empreint d'une beauté classique du prince Wolkonsky, à Tredarzec en Bretagne, l'eau s'écoule d'un bec de fontaine élégant.*
Page ci-contre, en haut : *Dans une autre partie du même jardin, cette grotte héberge une roue à aubes. Primevères et fougères poussent sur les rives. Ce paysage est animé en permanence par le son de l'eau qui tombe en cascade.*
Page ci-contre, en bas : *L'eau est source de vie, et la vie et le chant sont indissociables. Dans le jardin de Mme d'Andlau à Remalard, l'étang attire les oiseaux chanteurs, les insectes et les grenouilles qui se prennent pour des divas. Le chant muet de ces grenouilles de pierre est peut-être plus captivant.*

LE RIRE DE L'EAU

Les éclats de rire de l'eau qui cascade constituent l'un des sons naturels les plus reposants. Certains ont la chance de posséder un ruisseau dans leur propriété, mais leur bonheur est encore plus grand si son débit est assez fort pour qu'il émette un murmure apaisant. Si tel n'est pas le cas, ils peuvent le créer en creusant un bassin ou en construisant un petit barrage et en faisant passer l'eau par-dessus. La simple présence d'un bassin alimenté par une pompe électrique anime tout un jardin.

On peut aménager un cours d'eau en tenant compte de sa sonorité plus que de son pittoresque. Il n'est pas obligatoire de tomber dans les clichés d'un lit à la forme trop parfaite ou d'une cascade dévalant un amas de grosses pierres. L'eau peut se trouver au fond de la propriété – et même être invisible – et se limiter à un petit bassin équipé d'une pompe,. Ainsi, l'eau remonte au sommet d'une "sculpture" composée de récipients, de pierres, de coquillages ou de tout autre matériau susceptible de faire chanter l'eau lorsqu'elle glisse dessus. J'en ai vu une fabriquée à partir de coquilles d'ormeau prises dans du ciment ; l'eau remplissait le premier coquillage qui, en débordant, remplissait le suivant, et ainsi de suite. Le son était digne d'une symphonie.

Les fontaines ont une fonction très proche. Si les fontaines ornées sont très décoratives dans un jardin formel, elles n'ont guère leur place dans un jardin « naturaliste ». Pourtant, une fontaine n'est pas obligatoirement un élément ornemental isolé. Dans un bassin aux contours irréguliers, un mécanisme immergé peut faire surgir un jet d'eau. Il est très rare que dans les sites naturels, l'eau jaillisse de la sorte, mais n'oublions pas que le jardin est une réinterpréation de la nature. L'eau qui retombe ainsi crée un son charmeur et le fait qu'elle soit aérée par la pompe limite la prolifération des anaérobies dans le bassin.

L'eau attire des animaux qui viennent enrichir le paysage sonore : des grenouilles agrémenteront peut-être vos nuits de leurs concerts nocturnes, ou, si le bassin est suffisamment grand, un ou deux couples de canards ou même un héron emménageront.

LA MUSIQUE DES INSECTES

Une grande diversité de plantations augmente les possibilités d'habitats et permet donc à de nombreux animaux, y compris les insectes, de s'y installer.

Les sons que produisent certains insectes sont déplaisants. C'est le cas par exemple des chenilles de bombyx, qui vident littéralement de leur bois les arbres qu'elles ont envahis. En revanche, quel plaisir de se promener dans un pré planté d'arbres lorsque tout est en fleurs, dans le bourdonnement des abeilles au travail, ou bien d'écouter dans la nuit le concert des grillons, signe que l'été se termine, ou encore d'être assourdi par un chœur de sauterelles vertes. Avec la présence de l'eau, la « tessiture » du jardin s'élargit.

Cette symphonie naturelle n'est jamais la même et ne connaît pas de fin. Elle est le fruit de l'activité et des clameurs de quantité de vies entremêlées. Mais si nous voulons l'entendre, nous devons faire silence.

INSTRUMENTS ET ORCHESTRES

Les sons naturels du jardin peuvent être complétés par des inventions sonores. Les carillons sont très appréciés car leur timbre convient bien au cadre du jardin. Ce ne sont pas obligatoirement des tuyaux métalliques de différentes longueurs : des morceaux de bambous creux, accrochés les uns à côté des autres, font une belle musique mate lorsqu'ils s'entrechoquent dans la brise.

Certains jardiniers ingénieux fabriquent des harpes éoliennes et les installent dans leur jardin, mais à ma connaissance, on ne trouve pas ces instruments dans le commerce. Leur nom vient d'Éole, maître des vents dans la mythologie grecque, qui offrit à Ulysse un vent favorable et enferma les vents malfaisant dans une outre. (Celle-ci fut ouverte pendant le sommeil d'Ulysse par ses compagnons, ce qui eut des conséquences désastreuses). A l'origine, les harpes éoliennes étaient des caisses de résonance à dix cordes qui vibraient à l'unisson lorsque soufflait le vent dominant. C'est un instrument très ancien : la légende hébraïque raconte que David avait accroché sa lyre au coin de son lit pour capter les vents de la nuit. Aujourd'hui, ce terme s'applique à tout dispositif qui permet d'obtenir des sonorités musicales à l'aide du vent. Selon les cas, il s'agit de longs tuyaux qui produisent un mugissement langoureux, de simples fils tendus sur des longueurs différentes et qui chantent dans le vent, ou encore un système complexe de pales qui font tourner une manivelle et émettent des sons particuliers. Aujourd'hui, tout instrument qui produit grâce à l'action du vent des sons mélodieux est considéré comme une harpe éolienne, y compris les carillons de jardin.

Le jardin est également un lieu propice à l'écoute de la musique, enregistrée ou non. Lorsque j'étais enfant, je vivais à la campagne. Par une chaude journée d'été, je posai mon tourne-disques sur le rebord de la fenêtre de ma chambre, qui se trouvait au premier étage, face au jardin. Je mis le disque de Haendel *Water Music* et sortis m'installer dehors. Après quelques minutes, je remarquai la présence de plusieurs libellules qui virevoltaient devant la fenêtre et suivaient parfaitement le rythme de la musique. Elles dansèrent ainsi en cadence jusqu'à la fin du disque, puis s'envolèrent. La maison se trouvait à plus d'un kilomètre du cours d'eau le plus proche ; je n'avais jamais vu de libellule autour de la maison et n'en ai jamais revu depuis. Avaient-elles été séduites par le génie de Haendel ?

Une musique douce émanant de hauts-parleurs dans un jardin en pleine floraison procure un sentiment de plénitude intense, mais, je préfère le chœur des oiseaux à toute autre musique.

CI-CONTRE : *Le jardin est un endroit privilégié pour écouter de la musique. Ce décor du jardin de Cecil et Molly Smith, dans l'Oregon, constituerait une majestueuse salle de concert : les sapins de Douglas (*Pseudotsuga menziesii*) forment une haute voûte, des* Trillium *fleurissent près du banc en pierre et au fond, un* Ribes sanguineum *ouvre des fleurs d'un rose flamboyant.*

Le goût

*Yahvé Dieu planta un jardin en Eden, à l'Orient,
et il y mit l'homme qu'il avait modelé. Yahvé Dieu fit pousser
du sol toute espèce d'arbres séduisants à voir et bons
à manger, et l'arbre de vie au milieu du jardin,
et l'arbre de la connaissance du bien et du mal.
Yahvé Dieu prit l'homme et l'établit dans le jardin d'Eden pour
le cultiver et le garder.*

(Genèse II, 8 et 16)

Pages 138-139 : *Au cours d'une promenade, par l'une des premières journées fraîches d'automne, on a parfois la chance de passer près de pommiers sauvages comme ceux qui ont été plantés dans le jardin de Shara White, à Bonners Ferry dans l'Idaho. Après quelques bouchées aigrelettes, on repart revigoré.* **Ci-dessus :** *En hiver, le souvenir du parfum des fleurs de pommier et du goût des fruits juteux hante le verger. La taille judicieuse dégage bien les branches et le feuillage, les expose au soleil et permet une cueillette aisée des pommes.*

Page ci-contre : *Quel est le fruit le plus savoureux ? Pour de nombreuses personnes, c'est une délicieuse pêche mûre, comme ces fruits d'un* Prunus persica *'Frost' photographiés dans le jardin de Jim and Katy Nollman, à San Juan Island dans l'état de Washington.*

Dans cette citation apparemment simple de la Bible, on voit que l'homme reçoit en même temps sa provende et sa mission : il est sur Terre pour cultiver le jardin et en prendre soin.

Curieusement, dans ce passage, le mot de l'ancien hébreu qui signifie jardin a été traduit par « paradis » dans la transcription en grec. Un jardin est sans aucun doute une forme du paradis, où l'on rend la nature plus proche de la perfection.

Ce merveilleux penchant qu'ont les plantes à produire des fruits sucrés semble à première vue avoir été créé uniquement pour notre plaisir. En réalité, de nombreux animaux, et surtout les oiseaux, mangent des fruits ou des baies sucrés et emportent loin leurs pépins avant de les laisser tomber, ce qui permet la dissémination des plantes. Pendant des années, j'ai pensé que les végétaux produisaient des fruits sucrés dans ce seul but : la dispersion des graines. Lorsqu'un jour je pris possession d'un verger planté de poiriers, la principale fonction des fruits sucrés me fut révélée.

Chaque année, le propriétaire précédent fauchait les mauvaises herbes, qui séchaient ensuite, brûlées par l'impitoyable soleil de Californie. La faible quantité d'herbe qui se décomposait et enrichissait le sol ne compensait pas l'énergie nécessaire pour faire pousser les mauvaises herbes et les graminées. Ainsi, le sol s'appauvrissait de plus en plus. Aux débuts de mon installation, je prêtai peu d'attention aux fruits du verger, à tel point que je ne les récoltais même pas. Ils tombaient à terre et pourrissaient. Après quelques années, je me rendis compte que sous les arbres, les graminées poussaient plus drues, plus hautes et plus vertes car elles se nourrissaient du sucre apporté par les fruits pourris. Je me souvins alors d'avoir lu un article scientifique démontrant l'effet d'une cuillerée de sucre blanc par litre d'eau d'arrosage sur un groupe-test de plantes en pots. Le sucre provoquait la prolifération des bactéries dans la terre. Elles achevaient rapidement leur cycle et, en mourant, se décomposaient et nourrissaient les racines dans les pots. Les feuilles de ces végétaux arrosés d'eau sucrée étaient plus vertes, plus luxuriantes, plus denses.

Je sais aujourd'hui que les fruits qui, l'été, pendent de façon si appétissante des buissons et des arbres ne nous sont pas uniquement destinés. Les plantes ont un objectif secret : fertiliser le sol dans lequel elles poussent.

Ci-dessus : *Les cerisiers donnent des fruits en abondance et il semble qu'on pourrait en manger sans fin. Ce cerisier, lourd de parures sombres et sucrées, pousse dans le jardin de Vicky et Fred Kingsland, à Bonners Ferry dans l'Idaho.*

Page ci-contre, en haut : *Le jardinier qui fait pousser cette baie, photographiée ici dans le Gianangello Herb Farm, à San Juan Island dans le Washington, est doublement comblé car elle résulte d'un croisement de mûre et de framboise, et sa saveur associe celles de ces deux fruits. Elle est plus précoce que la plupart des mûres.*

Page ci-contre, en bas : *Cet élégant hybride de* Rosa rugosa, *'Frau Dagmar Hartopp', donne des fleurs d'un rose moyen qui sont suivies de gros cynorhodons acidulés. Il pousse ici dans le jardin de Robert Dash, à Long Island dans l'état de New York.*

SUCRE IN EXCELSIS

Il existe quatre saveurs fondamentales : sucrée, acide, salée et amère. Tous les goûts, aussi bien celui du chewing-gum que celui du rosbif, prennent leur caractère et leurs nuances de leur arôme, qui remonte par les choanes pendant que nous mangeons et stimule nos organes olfactifs.

De ces quatres saveurs, la sucrée est celle que nous chérissons le plus. Nous autres humains apprécions particulièrement les aliments sucrés et savons évaluer grâce à leur teneur en sucre le degré de maturité des fruits et leur comestibilité. Cette préférence pour le sucré est très tenace, ancrée jusque dans nos neurones. Dans ce lointain passé où nos ancêtres vivaient de chasse et de cueillette, elle représentait pour eux une question de survie. Aujourd'hui, elle pourrait bien devenir la raison de notre perte, car nous sommes loin de manquer de sucre. C'est également vrai des aliments gras. Nous raffolons de sucre et de graisse car ils constituent les apports caloriques les plus importants. Autrefois denrées rares, qui nécessitaient une marche de plusieurs kilomètres ou une journée de chasse, la graisse et le sucre ne demandent plus aujourd'hui que l'effort de se rendre jusqu'à la pâtisserie au coin de la rue.

Nous serions mieux avisés d'assouvir cette envie de sucre dans le jardin. Quel plaisir de se promener dans la nature et de découvrir en chemin des fruits poussant pour notre délectation ! Aussitôt, notre instinct de chasseurs et de cueilleurs se réveille.

Le jardinier prévenant peut planifier les récoltes de façon à ce que l'on trouve en permanence, du printemps à l'automne, quelques fruits à déguster. La saison débute, cela va de soi, avec les fraises. Les fraises cultivées ont leur place au potager, mais dans le jardin d'ornement, les petites fraises des bois sont plus faciles à disposer. Elles sont très parfumées, savoureuses et dépourvues de stolons. On peut les planter à mi-ombre et en déguster du printemps à l'automne. J'avoue une certaine préférence pour la variété 'Baron Solemacher'; les variétés à fruits jaunes sont sans doute les plus odorantes qui soient. La fraise la plus savoureuse est la fraise sauvage (*Fragaria virginiana*). « Il est certain que Dieu aurait pu créer une meilleure baie, écrivait Izaak Walton, mais il est également certain qu'il ne l'a jamais fait ». Ces fraisiers sauvages se transplantent mal, à moins qu'ils se plaisent vraiment dans leur nouvel emplacement. Ils préfèrent un sol pauvre et acide dans un ancien pré par exemple. Sans mentir, une coupe de glace à la vanille surmontée de fraises sauvages tout juste cueillies constitue un dessert véritablement divin.

Alignés en plein soleil, les cassissiers (*Ribes nigrum*) forment une haie épaisse, d'un vert moyen, qui exige un sol bien fumé et bien arrosé. Leur feuillage et leurs fruits sont précoces : on peut manger des cassis mûrs dès le mois de juin. Leur saveur est caractéristique, proche de celle de la mûre ou du raisin En outre, ces arbustes sont très productifs, d'une grande rusticité et résistent bien aux maladies et aux insectes. L'odeur des feuilles et des fruits est assez prononcée, avec des accents musqués.

Lorsqu'on sait que le cassis est très riche en vitamine C, on apprécie d'autant plus son goût acidulé et l'on a du mal à se retenir d'en manger. Une fois cuit et passé au chinois, le cassis perd ses notes musquées. On peut sucrer le jus obtenu, le verser dans des bacs à glaçons que l'on met au réfrigérateur. Les glaçons seront ensuite conservés au congélateur dans un sac en plastique. Dégelés, ils serviront à l'apéritif, versés dans du vin blanc pour une variante de Kir, ou au dessert pour napper une bavaroise ou un sorbet au citron. Ce sont les desserts que l'on sert au paradis lorsqu'il n'y a plus de fraises ni de la glace à la vanille...

Le cassis est bien plus intéressant lorsqu'il est planté près d'un groseillier rouge. Les variétés cultivables de *Ribes sativum* produisent d'importantes récoltes de fruits rouges. Les fruits apparaissent tôt dans la saison mais les grappes doivent rester sur les tiges pendant des semaines avant d'arriver à maturité. Lorsqu'elles sont d'un rouge profond, elles sont alors gorgées de jus sucré. J'ai toujours été satisfait du cultivar 'Red Lake', mais il en existe d'autres à fruits rouges ou blancs. Les cassissiers et les groseilliers, ainsi que leurs cousins épineux, les groseilliers à maquereaux, doivent être taillés tous les ans : on retire toutes les tiges fruitières et les branches de plus de trois ans. On conserve ainsi une bonne productivité et des

arbustes en bonne santé.

Le climat des zones méditerranéennes permet la plantation d'agrumes. Peu d'arbres ont autant de séduction que les orangers au feuillage vert foncé, débarrassés des branches inférieures pour qu'on puisse admirer leur tronc, exposant leurs fruits colorés. Malheureusement, plus les agrumes sont savoureux, plus leurs arbres sont gélifs. A moins que l'hiver ne soit extrêmement rigoureux, le citronnier Meyer est d'une bonne rusticité.

La vigne est aussi belle que ses fruits sont savoureux. A la campagne, elle encadre souvent les portes de fermes, mais elle peut également grimper le long d'un treillage ou d'une barrière ou pousser isolée si le tronc est assez solide pour soutenir son poids. A l'état sauvage, elle escalade le tronc des arbres et se faufile entre les branches. Avec les variétés cultivées, il n'y a aucune raison de ne pas la laisser en faire autant. Comme support, choisissez un arbre fruitier semi-nain ou un petit arbre d'ornement - de 3 à 4,50 m de haut à l'âge adulte - pour vous éviter d'avoir à monter sur une échelle pour cueillir les raisins. Taillez la vigne en laissant entre trente et soixante bourgeons selon sa vigueur. Plus elle est vigoureuse, plus vous laisserez de bourgeons. Une taille sévère rend plus robuste un spécimen qui manque de force et les nouvelles pousses seront plus longues. La vigne peut également couvrir un abri de jardin, être palissée sur un treillage ou sur des barrières spéciales pour vignes fruitières le long d'un chemin, de sorte qu'on puisse cueillir les grappes en passant. Parmi les cultivars de vigne à raisin de table qui donnent les fruits les plus savoureux, on citera les chasselas (de Fontainebleau ou Napoléon), les muscats (de Saumur, de Frontignan ou d'Alexandrie) et les 'Alphonse Lavallée'.

Le pommier est toujours apprécié pour ses fruits et ses fleurs. Préférez les cultivars nains ou semi-nains : les arbres ne prendront pas trop de place dans le jardin et la récolte, la taille et l'entretien général seront facilités. En outre, en cas d'infestation par des insectes, les soins sont plus aisément prodigués. Enfin, la quantité de fruits sera plus importante. On peut aussi adopter une démarche plus originale et créer une pommeraie en sélectionnant les variétés à cidre, acidulées et riches en tanin. Le cidre obtenu sera un régal à apprécier à l'automne, quand les soirées se rafraîchissent.

Pour une scène un peu insolite, faites grimper une clématite dans un pommier nain. A la base, plantez un ou deux buissons pour ombrager le pied de la clématite. Avec les années, celle-ci grimpera vers le soleil et ornera l'arbre de ses grandes fleurs.

Le poirier, comme le pommier, convient parfaitement aux petits jardins et l'on en trouve dans presque tous les vergers à la campagne. Les cultivars de Beurré sont intéressants, mais pour ce qui est du goût, la Comice reste pour moi incomparable. Les années où les poires sont moins belles ou trop nombreuses, faites du poiré ou ajoutez-les au jus de pomme pour faire le cidre.

Divinement savoureuses, les pêches résistent mal aux maladies et aux insectes. Les abricotiers sont de beaux arbres, mais leur floraison est souvent trop précoce et la production de fruits compromise par des gels tardifs. De plus, les années où les arbres mettent bien à fruits, les abricots peuvent être atteints de moniliose avant d'arriver à maturation.

Les pruniers sont très beaux en fleurs et ne posent généralement pas trop de problèmes. Chaque « race » de prunier a ses adeptes et vous planterez selon vos goûts des arbres à mirabelles, à reines-claude ou à quetsches. Ces dernières sont les plus utilisées pour le séchage, qui permet d'obtenir des pruneaux. Les pruniers japonais sont élégants mais leurs fruits sont souvent moins savoureux.

Les myrtilles font de beaux arbustes. Parfaites en haies ou en bordure selon leur taille, elles atteignent une hauteur de 1,80 m pour un diamètre légèrement inférieur. Il existe quelques variétés ornementales, mais il n'y a aucune raison de se priver de beaux buissons qui fournissent de gros fruits juteux.

A DROITE : *Les baies du sorbier des oiseleurs (*Sorbus aucuparia*) pendent en grappes dans les Wayside Gardens de Creston, au Canada. Ces fruits sont prisés par les oiseaux mais pas par nous. Dans les années vingt, le chercheur horticulteur Luther Burbank chercha à obtenir des sorbiers à fruits plus savoureux et plus gros. A Sebastopol en Californie, là où se trouvait autrefois son jardin, on peut encore voir des sorbiers aux fruits gros comme des œufs de poule, mais leur goût est resté le même. Burbank est mort avant d'avoir pu solutionner ce problème.*

Les ronces fruitières ne sont pas particulièrement esthétiques, mais cela importe peu lorsque les tiges se courbent sous le poids de leurs fruits sucrés. Que soient bénies toutes ces baies : les framboises noires, rouges, jaunes, blanches ou pourpres, les mûres ainsi que leurs cousines, comme le délicieux *Rubus phoenicolasius* On peut planter les ronces dans les parties reculées du jardin, que le visiteur découvrira ou non, selon sa chance. Le jardinier, en revanche, s'y frayera certainement un chemin. J'ai découvert pour la première fois le *Rubus phoenicolasius* à onze ans, cet âge merveilleux où tout garçon est explorateur. Cet été là, j'avais erré dans les collines qui entouraient notre maison. Au-dessus d'un ruisseau et d'un barrage, à proximité d'un bosquet de pins, se trouvait un grand buisson de ronces couvertes de baies mûres. Je n'en croyais pas mes yeux et me gavai de ces fruits rouge orangé ressemblant à des framboises et réchauffés par le soleil. Dans mon paradis, je planterai assurément quelques *Rubus phoenicolasius*.

Dans le jardin d'Eden, il doit y avoir aussi un cerisier, avec ses fruits rouges qui pendent deux par deux en attente d'amateurs pour les dévorer. Dans cet endroit paradisiaque, les oiseaux n'aimeront pas les cerises. Pour protéger les fruits des oiseaux, il faut se lever de bonne heure ! Les rouges-gorges en sont particulièrement friands : ils les mangent, les percent ou les attaquent d'un coup de bec. Parmi les différentes variétés de cerisiers, on plantera au choix des bigarreaux,

des guignes ou des cerises anglaises. Cependant, tous les cerisiers à fruits sucrés sont sujets à la moniliose.

Enfin, il existe des baies plus exotiques : l'*Asimina triloba*, dont le goût rappelle la banane, le *Podophyllum peltatum*, légèrement écœurant, le jujubier (*Ziziphus jujuba*), le *Prunus tomentosa*, le fruit du cornouiller mâle (*Cornus mas*), le sureau d'Amérique (*Sambucus canadensis*), le cerisier noir (*Prunus serotina*), le cynorrhodon et tant d'autres.

SALADES ET APÉRITIFS

Les fruits sucrés ont certes des saveurs divines, mais ils ne représentent qu'une infime partie des largesses du jardin. Un bon épi de maïs est sucré juste comme il convient et parfaitement délicieux. Les salades vertes constituent une étonnante association d'amertume et de douceur. Quand le jardin abrite une ruche, on peut récolter le miel - l'essence concentrée de millions de fleurs enrichies par le soleil - qui coule dans ses rayons.

Le savoir-faire des hommes peut métamorphoser les produits du potager et du verger en des substances savoureuses et parfumées. C'est le cas du vin par exemple. Par l'action de la fermentation, le jus de raisin est élevé au rang d'élixir, sur lequel le bois de chêne appose un baiser dans un lieu frais et sombre. La boisson qu'on en retire ressemble à un poème mis en bouteille. D'autres végétaux ont des saveurs moins éthérées, qui évoquent tour à tour la terre (les champignons), la résine (le romarin), les herbes aromatiques (l'origan) ou imitent un autre végétal (le thym citron).

Ce sont les herbes aromatiques du potager qui donnent à certains de nos plats préférés leur parfum caractéristique. Ces plantes sont assez belles pour figurer dans les paysages les plus raffinés. Dans les bordures, le long des chemins ou entre des dalles de jardin, la texture et les coloris de leurs feuilles ainsi que la beauté de leurs fleurs leur confèrent un usage à la fois ornemental et gastronomique.

Au cours d'un voyage en Italie, j'ai compris à quel point un pied de thym est précieux lorsque j'ai découvert le *pollo sciacciata*. On place des poignées de thym sur une grille bien chaude, on pose dessus le poulet ouvert sur toute sa longueur et enfin un objet pesant. Le thym s'enflamme et saisit la viande. Après huit minutes de cuisson, on retire le poids, le poulet et ce qui reste du thym. On remet du thym frais, on retourne le poulet et l'on repose le poids. Quel plat simple et délicieux à la fois !

Les feuilles du basilic qui, selon les espèces, varient du rouge foncé au jaune bronze, peuvent rivaliser avec celles d'*Heuchera* 'Palace Purple'. De surcroît, cette herbe aromatique est excellente dans certains plats cuisinés et dans les salades estivales.

Parmi les fleurs employées comme garniture dans les salades, on citera les petites fleurs bleues du thym et du *Tulbaghia violacea*, dont le goût d'ail est si fort qu'une seule suffit à parfumer toute une salade.

CI-DESSUS : *Dans le jardin du photographe, à Boner's Ferry dans l'Idaho, l'ail révèle des courbes très sensuelles.*

PAGE CI-CONTRE, EN HAUT : *La célèbre amatrice de jardins Rosemary Verey exploite avec art les qualités ornementales des plantes alimentaires dans son jardin de Barnsley House dans le Gloucestershire en Grande-Bretagne. Dans un petit carré elle fait voisiner des laitues à feuilles rouges et des choux 'Red Drumhead' très décoratifs.*

PAGE CI-CONTRE, EN BAS. *L'amarante ornementale pousse ici à Wave Hill, dans le Bronx à New York. Sa cousine sauvage, l'amarante, est commune dans les jardins et les prés. Riches en protéines, ses graines croquantes au goût de noix étaient considérées par les Aztèques comme "la nourriture des dieux". Elles peuvent être soufflées comme le popcorn. Des recherches ont permis d'améliorer ses qualités : elle allie aujourd'hui les qualités d'une plante alimentaire à l'avenir prometteur à celles d'une belle plante d'ornement.*

Ci-dessus : *Des choux poussent au milieu de* Lobelia *pourpres et de soucis dans le jardin d'hiver de Calloway Gardens, à Pine Mountain en Géorgie. Les fleurs de* Lobelia *ne sont pas comestibles mais en revanche, dans les régions tempérées du sud, les pétales de souci égaient les salades d'hiver.*

Page ci-contre : *A Hadspen Garden en Grande-Bretagne, la menthe pousse sous l'*Alchemilla mollis *et des* Rosa rugosa *qui donneront plus tard des cynorrhodons comestibles. Il devrait y avoir un pied de menthe dans chaque jardin, mais elle devient vite envahissante dans un sol humide.*

Les fleurs d'*Impatiens*, très colorées, sont comestibles mais leur goût est sans grand intérêt. En revanche, les jolies fleurs de capucine, en boutons ou épanouies, sont délicieusement piquantes. Les fleurs de sauge (*Salvia elegans*), d'un rouge vif, embellissent salades et sorbets. Les fleurs bleues de la bourrache (*Borago*) ont un goût qui rappelle celui du concombre. Les fleurs de souci (*Calendula*) égaient les salades et peuvent servir de garniture dans les plats de poisson. De nombreuses autres fleurs ont des pétales comestibles : l'hémérocalle, le chrysanthème, la violette, le yucca, la pensée, la tulipe, le glaïeul, l'œillet, la lavande, le tagète, la rose trémière et le chèvrefeuille. On peut aussi manger les pétales de roses et mettre en garniture du lilas, du trèfle commun, de la monarde, des pâquerettes vivaces, du fuchsia, des fleurs de pommiers et de sureau.

Dans le jardin consacré aux herbes aromatiques, on doit trouver du thym, de la marjolaine, du persil, de la sarriette, de la bourrache, du cerfeuil, de la ciboulette, de la coriandre, de l'aneth, du fenouil, de l'ail, de la menthe, du romarin, de l'échalote, de l'estragon et de la sauge. Outre la sauge officinale, il existe plusieurs espèces de sauge, à feuillage pourpre, jaune panaché ou à port haut.

Les herbes de Provence, dont les feuilles contiennent une grande quantité d'huiles essentielles très parfumées notamment le romarin, la sauge, la marjolaine et le thym –se plaisent dans un sol pauvre et sec. Il faut donc bien choisir leur emplacement dans le jardin. Les autres herbes aromatiques préfèrent pour la plupart une bonne terre de jardin bien humide. Il existe de nouveaux cultivars de romarin qui sont plus rustiques et plus beaux que le romarin commun.

Incorporer des plantes comestibles dans un paysage est un exercice amusant pour le jardinier. Ciboulette, persil, betterave et carotte forment de jolies bordures le long des chemins ou dans un jardin de fleurs. Les salades existent dans des formes et des couleurs très variées, de même que les choux ornementaux aux feuilles frisottées. L'épinard de Nouvelle-Zélande, ou tétragone cornu, est un excellent couvre-sol dans les endroits ensoleillés.

Par leur forme et leur feuillage, les poivrons et les piments sont très décoratifs. Les fleurs de l'aubergine peuvent rivaliser avec beaucoup d'autres au jardin et ses fruits pourpre foncé s'accordent bien avec les fleurs blanches, roses, oranges et rouges. Les tiges rouge vif de la rhubarbe créent d'intéressants accents verticaux, surtout lorsqu'elle est plantée dans un massif d'annuelles. Le gombo se plante au fond d'une bordure car ses belles fleurs mettent en évidence celles de vivaces plus basses, et en particulier les fleurs bleues et blanches du *Platycodon*. Le légume le plus ornemental est probablement l'artichaut aux feuilles piquantes gris-vert. Assez rustique si les conditions d'hivernage sont respectées, il peut être également planté comme annuelle à condition qu'on le démarre en serre.

COMMENT DONNER DU GOUT A UN JARDIN

Lors d'un voyage en France, je rendis visite à un jardinier de qualité, qui voulut me montrer ce qu'il appelait son jardin "spécial". Je l'accompagnai jusqu'à ce qui me parut être tout simplement un coin envahi de mauvaises herbes. Je m'interrogeai sur la santé mentale de mon hôte. « Regardez bien les plantes qui vous entourent », me dit-il. En les inspectant de près, je découvris alors quels avaient été ses critères de choix : chaque végétal produisait quelque chose de comestible, que ce soit un fruit, une graine, une noix, une feuille ou une racine. Ce que j'avais pris pour des mauvaises herbes étaient en réalité les tiges fanées de pieds de pommes de terre et les petits arbustes des arbres fruitiers nains de toutes sortes. Des plantes grimpantes, vignes et courges, les escaladaient. Le sol était recouvert de courges, de fraises et d'autres plantes rampantes. Les mauvaises herbes qui proliféraient étaient en fait du fenouil, de l'aneth, du cerfeuil, de la ciboulette et de l'estragon.

L'objectif de ce jardinier expérimenté était le rendement plutôt que l'esthétique. Son "jardin spécial" était une simple juxtaposition de végétaux, à mes yeux sans attrait. Il est tellement plus intéressant de faire en sorte que les plantes comestibles deviennent partie intégrante d'un paysage soigneusement conçu. Voici quelques suggestions sur l'utilisation des plantes alimentaires dans un jardin :

• Dans les plates-bandes et les bordures, mélangez les herbes aromatiques de la même façon que vous le feriez avec les plantes d'ornement annuelles, bisannuelles ou vivaces.

• Mettez en valeur les arbres fruitiers nains en pots en les disposant sur de petits piédestaux, ou réservez-leur un emplacement étudié.

• Créez des petits bosquets avec des arbres fruitiers demi-tige employés en nombre impair. Plantez-les suffisamment serré pour que leurs branches se touchent et que l'on puisse se promener sous une voûte de branches et de feuilles. Taillez les branches basses pour faciliter le passage.

• Plantez des noisetiers en haie. Ils forment des écrans de végétation touffue.

• Ne plantez pas d'arbre fruitier sur un patio ou une terrasse, car les fruits s'y écrasent et tachent le revêtement. Seule exception : une vigne autour d'une porte ou le long des montants d'une pergola, ce qui met les raisins à portée de la main.

• Si votre maison est située au sommet d'une colline, plantez sur les versants des pommiers aux fleurs parfumées. Les brises tièdes du printemps feront flotter leur fragrance jusqu'à la maison.

• Bordez les allées de myrtilles, fraises et groseilles, que l'on cueillera tout en marchant. En revanche, les plantes à épines (groseillers à maquereaux et ronces) seront plus judicieusement placées un peu à l'écart. On leur rendra visite avec prudence, en sachant que la récolte se fait au prix d'une approche habile des épines.

• Plantez le long d'un chemin une sélection de pélargoniums odorants. On découvrira en passant les délicieuses senteurs de leurs feuilles : à la pomme, au citron, à la rose, à la cannelle, etc.

• Installez, à proximité de la cuisine, un potager planté de légumes et d'herbes aromatiques. Aménagez des plates-bandes surélevées, particulièrement élégantes et engazonnez les allées, qui deviendront plus faciles à entretenir.

• Dans un potager, plantez toujours quelques plantes d'ornement et dans un jardin d'agrément, quelques végétaux comestibles. Tirez parti des qualités ornementales des fruits et des légumes : le fraisier est un excellent couvre-sol, les feuilles de rhubarbe sont particulièrement décoratives, les arbres fruitiers bien taillés prennent des formes sculpturales, les feuilles de courges abritent un parterre du soleil, la vigne se mêle aux roses tardives sur un treillage.

• Plantez quelques piments en pots. Ces fruits colorés égaieront la véranda et seront à portée de main pour épicer la cuisine.

• Plantez du thym (*Thymus vulgaris*) en grande quantité et même bien plus que nécessaire. Sitôt que vous aurez goûté à la cuisson au thym sur la grille du barbecue, vous n'en aurez jamais assez.

• Créez une petite « pelouse » de camomille. C'est une plante résistante à la sécheresse et délicieusement odorante ; elle remplace agréablement l'herbe et ses vertus en tisane sont bien connues.

• Faites courir le long d'une balustrade des pieds de fruit de la passion qui produiront des fruits d'accès facile.

• Au fond d'une bordure de vivaces, plantez des asperges en massif. Leur feuillage léger est très beau derrière des vivaces à floraison estivale plus basses et de texture plus grossière, comme par exemple *Campanula glomerata*.

Un jardin qui recèle quelque chose de savoureux est aussitôt plus humain et plus accueillant qu'un jardin d'ornement pur. Il est cependant un goût qu'aucune plante ne peut offrir : celui de l'eau de source.

Dans mon ancienne propriété se trouvait une source naturelle. Elle était située dans les bois derrière la maison. Des marches en pierre menaient à un petit bassin au fond sablonneux où coulait une eau pure. Chaque jour, je venais m'y abreuver. Elle était fraîche et délicieuse. Il est bien évident que les jardins dotés d'une source sont chose rare, mais on devrait trouver près de chaque jardin une fontaine où se désaltérer et se rafraîchir pendant que la nature apaise notre âme.

A DROITE : *Dans le Van Dusen Botanical Garden de Vancouver, au Canada, le chemin serpente entre des touffes d'ail ornemental (*Allium giganteum*). Au premier plan, on a planté de petites touffes de ciboulette (*Allium schoenoprasum*). Cette famille de plantes est à la fois alimentaire et ornementale et peut être plantée au potager comme dans un jardin d'ornement.*

Le sixième sens

Oh grande est la grâce puissante qui se tient
Dans les herbes, les plantes, les pierres et leurs réelles qualités.
William Shakespeare, Roméo et Juliette

Grâce à notre sixième sens, nous percevons une réalité qui dépasse le monde matériel, nous pressentons la véritable signification de l'univers qui nous entoure et nous pouvons évaluer l'importance des événements et des choses. Ce sixième sens nous apporte les rêves prémonitoires. Lorsque tout semble aller pour le mieux, il nous prévient qu'en dépit des apparences, quelque chose ne va pas. Quand la situation paraît catastrophique, il nous indique que tout va bien.

Ce sens est en quelque sorte la clef de l'art de vivre - raffinement, attention aux autres, jugement sain -, qui ne peut être le fait de la conscience. Se comporter en accord avec cet art de vivre implique que l'on se fie à ses impressions sensuelles, et en particulier celles du sixième sens. Les autres sens peuvent être trompés, par les illusions d'optique, l'imitation par des produits chimiques de certains goûts, ou les défauts de notre ouïe. En revanche, lorsque des sentiments profonds se font jour et nous poussent en avant, il nous faut les suivre ou se préparer à interrompre les desseins du Ciel. L'art de vivre ne s'acquiert pas en planifiant mais en écoutant tout simplement les conseils de son cœur.

Lorsqu'elle est forte et qu'on l'écoute, l'intuition — un autre nom pour ce sixième sens — est d'une aide incomparable pour nous autres jardiniers qui le plus souvent travaillons pour le futur plus que pour le présent. En semant ou en repiquant, nous imaginons les plantes à leur taille adulte. Nous choisissons leur emplacement en fonction de ce que nous savons de leurs besoins, mais notre intuition nous souffle où ils vont prospérer.

En fait, l'une des grandes joies du jardinier est de créer un beau paysage à partir d'une intuition. Devant ma maison, entre des touffes d'hémérocalles et de hauts

Pages 152-153 : *Un beau jardin permet d'imaginer ce qui pourrait être ou ce qui aurait pu être. Lorsqu'on a la possibilité de rester seul et tranquille une heure dans un jardin comme celui de Rosemary Verey, à Barnsley House dans le Gloucestershire en Grande-Bretagne, notre esprit est inévitablement agité de sensations multiples.*

A droite : *La nature est généreuse dans sa beauté, qu'elle soit majestueuse ou discrète. Les formes exquises des feuilles et des fleurs du sycomore (*Acer pseudoplatanus*) nous montrent que la force créative de l'univers a doté de beauté même les choses les plus humbles, et les hommes d'un sixième sens pour l'apprécier. Cette photographie a été prise dans le jardin de M et Mme Norton à East Lambrook Manor, près de South Petherton en Grande-Bretagne.*

WELCOME

Appendices

LISTE DES PLANTES

Les chiffres en italique renvoient aux illustrations

PLANTE	NOM COMMUN	SENS	ZONE	DESCRIPTION	PAGE
Annuelles					
Brassica oleracea	Chou	**OU.**		Ce genre comporte un grand nombre de plantes potagères (chou pommé, chou-fleur, brocoli, chou de Bruxelles, chou-rave…)	*133*
Cosmos bipinnatus	Cosmos	**V/C**		Tige rameuse à feuilles fines et grandes fleurs capitulées dans des coloris de rose, lavande, violacé, rouge.	*38*, 43
Impatiens biflora	Impatiens	**V/C, T, G**		Plante de petite taille, à fleurs simples jaune orangé taché de brun. Se plaît à l'ombre.	*49*, 118–20, 147
Lavatera trimestris	Lavatère à grandes fleurs	**V/C**		Plante buissonnante pour bordures (80 cm à 1 m de haut) Fleurs en trompette de 5 à 6 cm, blanches et roses.	*42*
Matthiola incana	Giroflée	**OD.**		Bisannuelle fleurissant en été et en automne. Fleurs parfumées, généralement pourpres.	85, 101–3, 111
Matthiola longipetala bicornis	Giroflée	**OD.**		Fleurs pourpres fermées le jour, qui s'ouvrent le soir et embaument l'air d'un parfum capiteux.	105
Myosotis sylvatica	Myosotis	**V/C**		Tige rameuse formant des touffes de feuilles velues. Petites fleurs bleu lavande à œil blanc fleurissant de mai à juillet.	37, 41, 49
Reseda odorata	Réséda	**OD.**		Fleurs en grappes, d'un jaune teinté de vert, au parfum suave.	103, 111

V=**VUE** **V/C**=**VUE**/COULEUR **V/F**=**VUE**/FORME **V/L**=**VUE**/LIGNE **OD.**=**ODORAT** **T**=**TOUCH** **OU.**=**OUÏE** **G**=**GOÛT** **✲**=**6e SENS**

PLANTE	NOM COMMUN	SENS	ZONE	DESCRIPTION	PAGE
Bulbes et rhizomes					
Amaryllis belladonna	Amaryllis belladone	**OD.**	8	Ses feuilles en ruban (en hiver et au printemps) meurent en été. Les fleurs roses odorantes apparaissent au printemps sur des hampes de 70 cm.	87, 105
Begonia 'Red Picotee'	Bégonia tubéreux	**V/C**	10	Les tubercules plantés à la fin du printemps donnent un feuillage en jolies touffes avec des fleurs blanches bordées de rouge. Floraison : été et automne.	36
Canna	Canna	**V/C**	10	Plante tropicale tubéreuse qui donne de grandes feuilles élégantes et des fleurs dans des tons de rouge, abricot, saumon, corail, sur des hampes hautes de 1,20 à 1,50 m.	52
Crinum moorei	Crinum	**OD.**	9	Feuillage ensiforme persistant. Larges fleurs odorantes roses, de la fin du printemps à l'été.	88, 98
Endymion hispanicus	Endymion	**OD.**	3	De longues feuilles (30 cm environ) en touffes apparaissent au début du printemps, suivies de hampes d'où pendent de clochettes bleues.	*101*
Erythronium americanum	Erythronium	**T**	4	Se reconnaît à ses longues feuilles ovales tachetées brun-vert. Les fleurs jaune foncé apparaissent au printemps.	118
Fritillaria meleagris	Œuf-de-vanneau, méléagre	**V/F, V/L**	3	Des clochettes d'un pourpre roussâtre panaché en damier de taches plus foncées émergent au printemps au-dessus d'une petite touffe de feuilles fines.	*64*, 72
Lilium auratum	Lis du Japon	**OD.**	3	Hampes de 1,20 à 1,60 m, portant de grands lis blancs odorants, tachetés de rouge sombre, qui fleurissent à la fin de l'été.	100
Lilium candidum	Lis blanc	**OD.**	3	Grappes de grandes fleurs blanches en trompette apparaissant en juin et juillet à l'extrémité de hampes de 60 cm à 1,20 m.	100–101
Lilium formosanum		**OU.**	3	Plante de 1,50 m, à longues fleurs blanches. Floraison tardive.	*131*
Lilium longiflorum		**OD.**	8	Hampes courtes de 30 à 90 cm. Grandes fleurs odorantes, d'un blanc pur, en trompette.	100–101
Muscari botryoides	Muscari raisin	**OD.**	3	Grappes de clochettes bleues sur hampes de 20 à 40 cm.	100
Narcissus jonquilla	Petite jonquille	**OD.**	4	Cousin de la jonquille. Feuilles junciformes et petites fleurs jaune d'or. Floraison en avril.	87, 90, 103
Tulbaghia violacea		**G**	9	Longues feuilles étroites et boules de fleurons bleu lavande à odeur alliacée.	147

V=**VUE** **V/C**=**VUE/**COULEUR **V/F**=**VUE/**FORME **V/L**=**VUE/**LIGNE **OD.**=**ODORAT** **T**=**TOUCH** **OU.**=**OUÏE** **G**=**GOÛT** **✲**=**6e SENS**

PLANTE	NOM COMMUN	SENS	ZONE	DESCRIPTION	PAGE
Tulipa (hybride)	Tulipe	**V/C, V/L, OD., G**	4	Il existe un grand nombre d'espèces aux caractéristiques variées, mais elles possèdent toutes des feuilles peu nombreuses, ovales, et leurs fleurs solitaires, dans différents coloris, se dressent à l'extrémité de la tige.	49, 72, *91*, 101, 147
'Angelique'		**V/C**	4	Tulipe double. Base des pétales crème, centre rose foncé et bord rose	*27*
'Gudoshnik'		**V/C**		Rouge et orange	*41*
'Maureen'		**V/C, V/F**		Blanche	*35*, 61
'Red Emperor'		**V/C**		Rouge feu.	41

Plantes grimpantes

PLANTE	NOM COMMUN	SENS	ZONE	DESCRIPTION	PAGE
Anredera cordifolia	Boussaingaultia	**OD.**	9	A l'automne, des épis de fleurs blanches odorantes pendent du feuillage persistant.	97
Beaumontia grandiflora		**OD.**	9	Arbuste grimpant (jusqu'à 9 m). Grandes feuilles et grosses fleurs odorantes en trompette, du printemps à l'automne.	95
Celastrus scandens	Bourreau des arbres	**V/C**	5	Les fleurs en panicule jaune pâle n'ont pas grand intérêt, mais à l'automne, les arilles orange et rouge forment une tache de couleur spectaculaire.	38
Clematis armandii	Clématite	**OD.**	7	De petites fleurs odorantes étoilées apparaissent au printemps parmi le feuillage persistant.	94–95
Clematis 'Dr. Ruppel'		**V/C**	4	Hybride à puissante végétation. Grosses fleurs à 8 sépales fripés et larges bandes médianes carmin, apparaissant en mai et juin.	*52*
Clematis heracleifolia		**V/C**	5	Arbuste à feuilles caduques haut de 1 m. Tiges tomenteuses et fleurs bleu jacinthe en juillet et août.	42
Clematis heracleifolia var. *davidiana*		**OD.**	5	Les tiges annuelles herbacées forment une touffe haute de 1 m. Fleurs bleu pâle à bleu indigo, très odorantes, apparaissant en juillet et août.	98
Clematis 'Mme. Edouard Andre'	Clématite de Jackmann	**V/F**	4	Clématite ligneuse caduque. Atteint 2,50 m. Sépales rouge pourpre foncé avec étamines de couleur crème.	66
Clematis montana var. *rubens*		**V/L, OD.**	3	Feuillage classique et fleurs rose soutenu, légèrement odorantes.	*68*, *94*
Clematis 'Nelly Moser'		**OD.**	4	Hybride à floraison hâtive qui peut atteindre 2 m. Grosses fleurs à sépales lilas-rosé à bande médiane rouge.	*96*
Clematis paniculata		**OD., Ou.**	5	Liane vigoureuse à feuillage caduc pouvant atteindre 10 m. Nombreuses fleurs blanches odorantes d'un blanc pur apparaissant à l'automne.	97, 111, 130

V=**VUE** **V/C**=**VUE/**COULEUR **V/F**=**VUE/**FORME **V/L**=**VUE/**LIGNE **OD.**=**ODORAT** **T**=**TOUCH** **OU.**=**OUÏE** **G**=**GOÛT** ✲=**6e SENS**

PLANTE	NOM COMMUN	SENS	ZONE	DESCRIPTION	PAGE
Clematis recta var. *mandshurica*		**OD.**	6	Clématite à tiges annuelles herbacées. Panicules de fleurs blanches odorantes en juin-juillet	98
Decumaria barbara		**OD.**	6	Ses fleurs blanches parfumées, qui ressemblent à celles de l'hortensia, apparaissent en juin et juillet.	96
Gelsemium sempervirens		**OD.**	7	Plante grimpante persistante, qui peut atteindre 6 m. Fleurs jaunes odorantes, en trompette, apparaissant à la fin de l'hiver.	94
Hedera helix	Lierre commun	**T**	4	Grande liane persistante qui sert souvent de couvre-mur.	*123*
Hoya carnosa		**OD.**	10	Plante en pot, pouvant grimper jusqu'à 3 m. Donne en été des bouquets de fleurs étoilées blanches ou roses, odorantes. Feuillage persistant.	96, 105
Jasminum grandiflorum	Jasmin d'Espagne	**OD.**	7	Arbuste buissonnant. Grappes de petites fleurs odorantes ouvertes tout l'été. (A cultiver dans le Midi uniquement).	87, 96
Jasminum officinale	Jasmin blanc	**OD.**	7	C'est le jasmin des parfumeurs. Liane à feuillage caduc et petites fleurs blanches odorantes de juin à septembre. (A cultiver dans le Midi uniquement).	94
Jasminum nitidum		**OD.**	10	Petit arbuste au feuillage persistant brillant.Fleurs blanches odorantes de mai à août.	96
Jasminum polyanthum		**OD.**	9	Des panicules de fleurs roses odorantes s'ouvrent au début du printemps parmi un feuillage persistant vert foncé.	94
Jasminum sambac		**OD.**	10	Arbuste persistant. Ses fleurs très parfumées servent à la fabrication des parfums et du thé au jasmin.	87
Lathyrus odoratus	Pois de senteur	**OD.**		Plante grimpante annuelle, portant à la fin du printemps et en été des grappes de fleurs dans divers coloris. Odeur suave.	100
Lonicera hildebrandiana	Chèvrefeuille	**OD.**	10	Liane très vigoureuse aux fleurs odorantes à tube mince, formant de grandes grappes. Blanches à la floraison (juin à août), elles deviennent rouge orangé ensuite.	96
Lonicera japonica	Chèvrefeuille	**OD.**	4	Liane à feuilles caduques ovales. Ses fleurs odorantes, apparaissant en juin, sont à corolle blanche teintée de pourpre.	88, *95*
Lonicera japonica 'Halliana'	Chèvrefeuille	**OD.**	4	Liane persistante aux fleurs blanches virant au jaune (fin du printemps et été).	96
Lonicera periclymenum	Chèvrefeuille des bois	**OD.**	4	Buisson sarmenteux qui fleurit en été. Fleurs odorantes en épi, jaunes tachetées de pourpre.	96
Mandevilla 'Alice duPont'		**OD.**	10	Arbrisseau grimpant très compact. Donne de superbes fleurs d'un rose pur, qui ressemblent à celles du volubilis, de juin à novembre.	*111*

V=**VUE** **V/C**=**VUE/**COULEUR **V/F**=**VUE/**FORME **V/L**=**VUE/**LIGNE **OD.=ODORAT** **T=TOUCH** **OU.=OUÏE** **G**=**GOÛT** **✲=6e SENS**

PLANTE	NOM COMMUN	SENS	ZONE	DESCRIPTION	PAGE
Mandevilla laxa		**OD.**	9	Longues feuilles caduques cordiformes et grappes de fleurs en trompette, blanches et fripées, en juin et juillet.	96–97, 111
Passiflora x *alatocaerulea*	Fleur de la passion	**OD., T**	8	Grandes fleurs odorantes, blanches et roses couronnées de pourpre, s'épanouissant en été.	97, 121
Rosa banksiae 'Lutea'	Rosier de Banks	**V/C, V/F**	7	Longues tiges peu épineuses qui se couvrent d'une masse de petites fleurs jaune pâle, non odorantes, au printemps.	48, *57*
Rosa 'Don Juan'		**OD., OU.**	8	Donne de grandes roses d'un rouge profond, fortement parfumées, sur tiges grimpantes, de juin à septembre.	88, 130
Stephanotis floribunda		**OD.**	10	Feuilles persistantes, d'un vert foncé brillant, et bouquets de petites fleurs blanches très parfumées de juin à octobre. (A cultiver à l'abri).	96
Trachelospermum asiaticum		**OD.**	8	Entre avril et juillet, des grappes de fleurs odorantes jaune pâle pendent de tiges grimpantes persistantes.	95
Trachelospermum jasminoides	Jasmin étoilé	**OD.**	9	Grappes de fleurs étoilées à odeur de jasmin parmi un beau feuillage persistant, vert luisant, sur des tiges arbustives.	86, 87, 95, 111
Wisteria floribunda 'Longissima'	Glycine du Japon	**OD.**	4	Longues grappes pendantes de fleurs violettes odorantes, sur des tiges ligneuses sinueuses qui peuvent atteindre 10 m.	96
Wisteria floribunda 'Longissima Alba'	Glycine du Japon	**OD.**	4	Longues grappes de fleurs roses très odorantes.	96
Wisteria floribunda 'Rosea'	Glycine du Japon	**OD.**	4	Longues grappes de fleurs roses-très odorantes.	96
Wisteria sinensis	Glycine de Chine	**V/C, OD., OU.**	5	La plus commune, avec des grappes de fleurs bleu violet, légèrement odorantes, sur de tiges qui peuvent atteindre 30 m.	41, 85, 88, *91*, *95*, 96, 111, 130

Vivaces

PLANTE	NOM COMMUN	SENS	ZONE	DESCRIPTION	PAGE
Acanthus mollis	Acanthe à feuilles molles	**V/C, V/F**	8	Feuillage très décoratif, vert foncé. Grandes feuilles découpées, luisantes, et longs épis floraux, de couleur mauve, apparaissant en été.	49, 60
Achillea taygetea 'Moonshine'	Achillée	**V/C**	2	Les fleurs de cette variété virent à un jaune pâle superbe.	41
Aconitum napellus	Casque-de-Jupiter	**V/C**	2	A planter en fond de massif. Fleurs de 1 m de haut, bleu soutenu, en juillet-août. (Plante vénéneuse).	37, 44, 49
Adiantum pedatum	Capillaire du Canada	**T**	4	Belle fougère aux frondes délicates fourchues, à l'extrémité de tiges grêles.	126

V=**VUE** **V/C**=**VUE/**COULEUR **V/F**=**VUE/**FORME **V/L**=**VUE/**LIGNE **OD.**=**ODORAT** **T**=**TOUCH** **OU.**=**OUÏE** **G**=**GOÛT** **✲**=**6e SENS**

PLANTE	NOM COMMUN	SENS	ZONE	DESCRIPTION	PAGE
Aethionema grandiflorum		**T**	3	Plante de rocaille à feuillage bleu-vert et fleurs roses en grappes allongées, en juin-juillet.	*121*
Agapanthus orientalis	Agapanthe	**V/F**	9	Bulbe à feuillage en rubans de 60 à 90 cm de haut. Les boules de fleurs bleues se dressent au-dessus de hampes fines au printemps et en été.	60
Ajuga reptans	Bugle	**V/C, V/F**	2	Sur un feuillage rampant à stolons, de courts épis de fleurs bleues s'épanouissent en juin.	52, *57*, 60
Alchemilla mollis	Alchemille	**V/C, G**	3	Feuillage gris-vert en éventail et nuage de petites fleurs jaune-vert, de juin à août.	38, *149*
Allium aflatunense	Ail d'ornement	**OD.**	4	D'une touffe de feuilles rubanées se dresse en mai une boule de fleurettes lilas au sommet d'une tige épaisse et creuse.	*106*
Allium giganteum	Ail géant	**G**	4	Voir ci-dessus, mais avec des boules de fleurs plus grosses sur des tiges hautes de 1,20 m à 1,50 m, en juin.	*151*
Allium schoenoprasum	Ciboulette	**G**	4	Petites touffes de longues feuilles pointues sentant l'oignon, et boules de petites fleurs bleues ou blanches apparaissant au début de l'été.	148, *151*
Allium sphaerocephalum	Ail ornemental	**V/C, OD.**	4	Inflorescences pyramidales couvertes de fleurs pourpres, au sommet de tiges rigides de 60 cm. Floraison en mai-juin.	*53*, *106*
Alyssum saxatile	Corbeille d'or	**V/C**	3	Plante de 15 à 20 cm, au feuillage gris-vert, qui se couvre en avril et mai de nuages de fleurs jaune vif.	41
Anaphalis margaritacea		**OD.**	5	Plante à feuillage gris argenté, qui donne de juillet à septembre des boutons de fleurs odorantes blanc cassé, aux pétales très minces.	107
Anaphalis triplinervis		**OD.**	4	Inflorescences de fleurs blanches en corymbes sur tiges courtes.	107
Anchusa azurea 'Royal Blue'	Buglosse	**V/C**	3	Plante de 1 m à 1,50 m, aux feuilles duveteuses surmontées, à l'extrémité de longues tiges ramifiées, de fleurs d'un bleu intense apparaissant de juin à août.	38
Arctium minus		**T**	4	Vivace à feuillage rugueux pouvant atteindre 1,50 m.	118
Arrhenatherum elatius 'Variegatus'	Chiendent panaché	**V/F**	3	Longues feuilles blanches avec bande verte longitudinale au centre.	*60*
Artemisia abrotanum	Armoise, citronnelle	**OD.**	4	Touffes de 1 m à 1,50 m de feuilles en lanières vert-gris, à odeur citronnée.	87
Artemisia absinthium	Absinthe	**OD.**	4	Vivace herbacée sous-ligneuse (60 à 90 cm de hauteur) à feuilles blanchâtres argentées odorantes.	87

V=**VUE** **V/C**=**VUE/**COULEUR **V/F**=**VUE/**FORME **V/L**=**VUE/**LIGNE **OD.**=**ODORAT** **T**=**TOUCH** **OU.**=**OUÏE** **G**=**GOÛT** **✲**=**6e SENS**

PLANTE	NOM COMMUN	SENS	ZONE	DESCRIPTION	PAGE
Artemisia ludoviciana albula 'Silver King'		**V/C**	4	Superbes feuilles gris argenté, hautes de 60 cm à 1 m, agréablement parfumées.	*42*, 48
Artemisia schmidtiana 'Silver Mound'		**T**	4	Forme des monticules très décoratifs (hauts de 30 cm et larges d'environ 45 cm) de feuillage gris argenté.	118
Aruncus dioicus	Barbe-de-bouc	**V/F, T**	5	Plante pyramidale aux larges feuilles très découpées. Grandes inflorescences plumeuses, blanc crème, en juin-juillet.	*60*, 121
Asarum canadense		**V/F**	3	Plante appréciant l'ombre, aux feuilles cordiformes tapissantes.	*62*
Asarum europaeum	Cabaret	**T**	4	Ses feuilles réniformes d'un vert profond et brillantes forment un tapis en sous-bois.	126
Asparagus densiflorus 'Sprengeri'		**T**	10	Plante à tiges épineuses retombantes, longues de 1 m à 1,50 m, dont le feuillage est composé de tiges de 3 cm de long sur 2 mm, nommées cladodes.	121
Aster frikarti	Aster	**SO**	5	Les feuilles lancéolées et les tiges dressées sont surmontées de grandes fleurs ressemblant à celles des paquerettes, d'un bleu brillant, de juin à septembre (parfois plus dans les régions à climat doux).	*133*
Aster novae-angliae 'Harrington's Pink'	Aster d'automne	**V**	4	Nombreuses fleurs rose saumoné sur tiges hirsutes, hautes de 1 m à 1,20 m, apparaissant à la fin de l'été et au début de l'automne.	*11*
Astilbe x *arendsii* 'Fanal'		**V/C**	4	De somptueux plumets rouge vif s'ouvrent au-dessus d'un feuillage très découpé en juin-juillet.	52
Astilbe x *arendsii* 'Granat'		**V/F**	4	Les plumets de ce cultivar sont d'un rouge rosé plus clair.	*60*
Athyrium filix-femina	Fougère femelle	**T**		Fougère haute de 1,20 m, aux frondes vert tendre finement découpées.	126
Athyrium nipponicum 'Pictum' (aka *A. goeringianum* 'Pictum')		**T**	3	Cette jolie fougère forme une touffe de 40 cm de frondes pointues, dont le coloris passe du violet au lavande et au vert-gris argenté.	126
Bergenia cordifolia	Saxifrage	**V/C, OD.**	3	Plante aux larges feuilles charnues à bords ondulés, qui forment des touffes de 30 cm de haut, au-dessus desquelles se dressent en mai des cymes de fleurs roses.	37, 82–83
Brugmansia candida	Stramoine en arbre	**OD.**	10	Espèce arborescente aux grandes feuilles d'un vert doux et aux fleurs pendantes blanches à lobes pointus, très odorantes, dès le printemps.	*104*, 104–5
Campanula Formanekiana	Campanule	**V**	4	A l'extrémité de tiges de 60 cm, panicules feuillus avec des grappes de clochettes blanches qui s'épanouissent en juin.	*12*

V=**VUE** **V/C**=**VUE**/COULEUR **V/F**=**VUE**/FORME **V/L**=**VUE**/LIGNE **OD.**=**ODORAT** **T**=**TOUCH** **OU.**=**OUÏE** **G**=**GOÛT** **✲**=**6e SENS**

PLANTE	NOM COMMUN	SENS	ZONE	DESCRIPTION	PAGE
Campanula persicifolia		**OD.**	3	Grappes de clochettes pendantes d'un bleu vif sur des tiges dressées à feuilles fines, de juin à août.	*87*
Campanula portenschlagiana		**V/C**	4	Plante basse en touffes larges, au feuillage dentelé et cordé, aux nombreuses fleurs bleu-violet en grappes apparaissant en été.	*29*
Centranthus ruber	Valériane rouge	**OD.**	5	Abondant feuillage vert et éperons de fleurs rouges, à l'extrémité de tiges hautes de 1 m. Ses graines ont tendance à se ressemer.	85
Cerastium tomentosum	Oreille de souris	**V/C**	2	Plante tapissante, de 15 à 20 cm, aux feuilles gris argenté, qui se couvre en juin de nombreuses fleurs blanches étoilées.	49
Cheiranthus cheiri	Giroflée jaune	**V, OD.**	8	Plante à port dressé (jusqu'à 60 cm), rameuse, qui donne d'avril à juin des grappes de fleurs à quatre pétales.	*24*, *101*, 111
Chrysanthemum parthenium 'Aureum'	Pyrèthre matricaire	**V/C**	6	Donne de juin à octobre des grappes de fleurs jaunes sur des tiges de 60 cm à 90 cm.	52
Cimicifuga racemosa		**V/C, T**	3	De grands plumets d'un blanc crémeux se dressent au-dessus de belles feuilles vert foncé.	*34*, 45, 121
Clematis	Clématite			Voir Plantes grimpantes et lianes.	
Convallaria majalis	Muguet	**OD.**	2	Petites clochettes d'un blanc pur, parfumées, en épis sur des tiges arquées, au-dessus de feuilles ovales lisses.	88, 98
Convolvulus mauritanicus	Liseron	**V/C**	8	Vivace herbacée à tiges traînantes et à fleurs nombreuses, bleu lavande, de juin à novembre.	*31*, *45*
Coreopsis verticillata 'Moonbeam'		**V/C, OD.**	4	Ses fleurs capitulées jaune d'or se groupent au-dessus de touffes de feuilles finement découpées, de juillet aux premières gelées.	28, 43, *53*, 98
Cosmos atrosanguineus		**OD.**	8	Forme une touffe de feuillage discret. Ses fleurs en forme de dahlia simple, sur de longues tiges, sont de couleur chocolat et sentent le chocolat !	98
Crocosmia pottsii		**V/C**	7	Au-dessus de longues feuilles ensiformes se dressent en été de longues tiges et des fleurs en épis rouge orange.	43
Dennstaedtia punctilobula		**T**	3	Petite fougère très découpée et délicate, qui fait office de couvre-sol dans les zones ombragées.	126
Dianthus caryophyllus 'English Giants'	Œillet des fleuristes	**V/C**	6	Œillet double écarlate, fleurissant au début de l'été à l'extrémité de tiges de 60 cm à feuillage vert-gris.	38
Dicentra spectabilis	Cœur-de-Marie	**V/C, T**	3	Grappes pendantes de grandes fleurs rouges et blanches cordiformes sur tiges arquées de 60 cm, en mai-juin.	41, 118

V=**VUE** **V/C**=**VUE/**COULEUR **V/F**=**VUE/**FORME **V/L**=**VUE/**LIGNE **OD.**=**ODORAT** **T**=**TOUCH** **OU.**=**OUÏE** **G**=**GOÛT** **✲**=**6e SENS**

PLANTE	NOM COMMUN	SENS	ZONE	DESCRIPTION	PAGE
Dictamnus albus	Fraxinelle	**OD.**	3	Ses fleurs blanches, à odeur citronnée, s'épanouissent en juin au sommet de tiges dressés et d'une touffe de feuilles découpées.	86
Equisetum hyemale	Prêle ou queue-de-cheval	**T**	3	«Mauvais herbe» aux tiges fines et creuses atteignant 1 m à 1,20 m, d'un vert vif. Prolifère dans les sols humides.	8–9, 118
Epimedium x *rubrum*	Epilède	**T**		Donne en mai-juin de délicates fleurs rouges et jaunes, en grappes au-dessus de feuilles ondulées.	126
Eremurus 'Shelford Hybrids'		**T**		Hautes tiges florales de 1,20 à 1,50 m portant des grappes blanches, roses, jaunes et orange au-dessus d'une touffe de feuilles radicales.	121
Eschscholzia californica	Pavot de Californie	**V/C**	4	Tiges très florifères à feuilles bleu-vert. Fleurs jaunes à orange vif en été.	34–35
Euphorbia characias wulfenii		**OD.**	8	Tiges dressées de 1,20 à 1,40 m, aux feuilles allongées, surmontées de nombreuses bractées florales couleur chartreuse, en fin d'hiver et au début du printemps.	*106*
Festuca ovina glauca	Fétuque bleue	**V/C**	3	Feuilles filiformes vert bleuté, à épillets barbus, hautes de 20 à 25 cm.	52
Filipendula ulmaria	Reine des prés	**T**	3	Beau feuillage et nombreuses fleurs délicates blanches, odorantes, en juillet-août.	*117*
Fragaria 'Baron Solemacher'	Fraisier des bois	**G**	4	Fraisier aux fruits rouges savoureux, recommandé en bordure de plate-bande.	142
Fragaria virginiana		**G**	3	Fraisier sauvage à petits fruits, courant dans l'Est des Etats-Unis. Se plaît au soleil et dans un sol acide.	142
Gallium odoratum	Caille-lait	**OD.**	3	Tiges délicates aux feuilles verticillées et petites fleurs en cymes en juin-juillet.	100
Geranium pratense 'Johnson's Blue'		**V/C**	4	Touffes de feuilles jusqu'à 40 cm couvertes de fleurs bleu violet en juin, remontant partiellement en septembre.	*32–33*
Geranium psilostemon		**V, T**	4	Plus haut que le précédent (de 0,90 à 1,20 m), aux fleurs rose magenta de juin à septembre.	*24, 117*
Geranium sanguineum		**V/C**		Touffes hautes de 30 cm de feuilles incisées. De mai à septembre grandes fleurs rouges veinées.	*52*
Geranium sanguineum var. *lancastriense*		**V/C**	4	Touffes basses et compactes et fleurs d'un rose veiné de pourpre apparaissant de mai à juillet.	*52*

V=**VUE** **V/C**=**VUE/**COULEUR **V/F**=**VUE/**FORME **V/L**=**VUE/**LIGNE **OD.**=**ODORAT** **T**=**TOUCH** **OU.**=**OUÏE** **G**=**GOÛT** ✲=**6e SENS**

PLANTE	NOM COMMUN	SENS	ZONE	DESCRIPTION	PAGE
Gunnera manicata		**V/F, V/L, T**	9	Feuilles géantes (de 1,20 à 2,40 m de diamètre) dressées sur des tiges poilues pouvant atteindre 2,40 m. Très décoratif.	65, *76*, 127
Gypsophila paniculata	Gypsophile, brouillard	**V/F, T**	4	Forme des « nuages » de petites fleurs blanches au-dessus d'un feuillage gris-vert très discret.	65, *66*, 121
Hakonechloa macra 'Aureola'		**V/C**	3	Ressemble à un petit bambou aux feuilles vertes striées d'or longues de 45 cm.	48, 52
Helianthemum nummularium	Hélianthème	**V/C, V/L**	5	Feuillage poilu persistant gris-vert et, en été, délicates fleurs rouges, roses, abricot, orange ou blanches.	*30, 74*
Helictotrichon sempervirens		**V/C, T**	3	Graminée en grandes touffes, aux feuilles filiformes bleues persistantes jusqu'au début de l'hiver.	52, 126
Heliopsis scabra 'Karat'		**V/C**	3	Fleurs composées sur tiges hautes de 90 cm à 1 m, de juillet à septembre.	42
Helleborus foetidus	Ellébore	**V/L**	4	Feuillage persistant (hauteur : 60 cm). Floraison de janvier à mars. Les fleurs sont blanc verdâtre ; les pétales de certaines sont bordés de rouge.	*80*
Helleborus orientalis	Ellébore	**V/C, V/F**	4	Feuillage persistant (hauteur : 45 cm). Fleurs crème à mauve de mars à mai.	48, *62*
Hemerocallis fulva		**V/C**	3	Feuillage en touffes (hauteur : 90 cm). Grandes fleurs orange fauve, à gorge brun rougeâtre et jaune apparaissant fin juin.	34, 42
Hesperis matronalis	Julienne des jardins	**OD.**	3	Feuilles lancéolées dentées sur tiges ramifiées (hauteur : 80 cm). Floraison de juin à août. Fleurs en grappes paniculées, odorantes surtout le soir, de coloris pourpre à blanc.	100
Heuchera 'Palace Purple'		**G**	3	Cultivé plus pour ses touffes basses de feuillage pourpre foncé que pour ses fleurs.	147
Heuchera sanguinea		**V/C, V/L**	3	Touffes basses de feuilles persistantes. Sur de longues tiges graciles apparaissent de mai à juillet des petites cloches rouge vif.	*29, 75*
Hosta fortunei 'Gold Standard'		**V/C**	3	Touffes (hautes de 60 cm) de feuilles à grosses nervures, légèrement gaufrées, couleur blanc et or et bordées de vert.	*49*
Hosta plantaginea		**OD., T**		Feuilles cordiformes. Tiges florales de 40 cm portant de grandes fleurs d'un blanc pur, très odorantes.	98, 100, 104,
Hosta Sieboldiana		**T**	3	Grandes feuilles gaufrées vert bleuté (25 à 40 cm) en touffes de 60 à 90 cm.	*119*

V=**VUE** **V/C**=**VUE**/COULEUR **V/F**=**VUE**/FORME **V/L**=**VUE**/LIGNE **OD.**=**ODORAT** **T**=**TOUCH** **OU.**=**OUÏE** **G**=**GOÛT** **✲=6e SENS**

PLANTE	NOM COMMUN	SENS	ZONE	DESCRIPTION	PAGE
Houttuynia cordata 'Variegata'		**OD.**	9	Plante basse rampante, rappelant le lierre, aux feuilles très décoratives, bariolées de rouge, jaune, rose et crème.	106
Hyssopus officinalis	Hysope	**OD.**	3	Plante aromatique vivace aux longues feuilles vert foncé sentant l'anis. Fleurs bleu foncé de juillet à novembre.	87, 107, 110
Iberis sempervirens	Corbeille d'argent	**T**	3	Touffes de 25 à 30 cm de feuillage vert foncé, brillant et persistant, se couvrant de mai à juin de très nombreuses fleurs blanches en grappe.	*117*
Iris germanica	Iris barbu	**V/C, OD.**	4	Iris de jardin commun. Feuilles ensiformes et grandes fleurs parfumées de différentes couleurs, en mai-juin.	*32–33*, *102*, 103
Iris germanica 'Florentina'		**OD.**	4	Les fleurs sont d'un bleu très pâle. rhizome séché et broyé donne la poudre d'iris, utilisée en parfumerie.	105
Iris pseudacorus 'Variegata'	Iris des marais	**T**	5	Feuillage caratéristique de l'espèce (hauteur : 90 cm). Fleurs d'un jaune soutenu en juin-juillet.	*119*
Iris sibirica 'Caesar'		**V/F**	3	Touffes denses de feuilles pointues de 90 cm. Nombreuses fleurs bleu foncé non barbues.	*60*
Lavandula angustifolia		**OD.**	5	Feuilles grises pinnatifides sur tiges courtes. Epis de fleurs bleues parfumées de juin à août.	*88*, *107*, *110*
Lavandula dentata		**OD.**	7	Plante haute de 90 cm aux feuilles allongées gris-vert. Fleurs lavande pourpré finissant en bractées plus pâles.	110
Lavandula stoechas		**OD.**	8	Ressemble à la précédente, mais moins délicate et au coloris plus foncé.	*87*, *106*
Ligularia dentata 'Othello'		✲	5	Vivace recherchée, aux feuilles larges et rondes de 30 cm. Sur des tiges hautes de 0,90 à 1,20 m, des fleurs orange ressemblant aux marguerites apparaissent du milieu de l'été jusqu'à l'automne.	156
Linum perenne	Lin vivace	**V/C, T**	5	Tiges graciles longues de 60 cm. Fleurs bleu pâle de juin à août.	48, *124–25*
Lobelia cardinalis		**V/C, G**	4	D'une rosace de feuilles pointues se dressent des hampes de 0,90 à 1,20 m qui portent de juillet à septembre des fleurs rouges à tube court.	34–35, *148*
Lobelia fulgens		**V/C**	7	Se cultive surtout en orangerie. S'apparente à la *L. x speciosa* avec ses grandes fleurs d'un beau rouge.	52

V=**VUE** **V/C**=**VUE/**COULEUR **V/F**=**VUE/**FORME **V/L**=**VUE/**LIGNE **OD.**=**ODORAT** **T**=**TOUCH** **OU.**=**OUÏE** **G**=**GOÛT** ✲=**6e SENS**

PLANTE	NOM COMMUN	SENS	ZONE	DESCRIPTION	PAGE
Lunaria biennis	Monnaie du Pape	**OD.**	4	Bisannuelle ressemblant à la moutarde des champs. Fleurs violettes suivies de cosses sèches, nacrées, en forme de disques.	100
Lupinus polyphyllus	Lupin	**V/C**	4	Belles feuilles verticillées. Fleurs en longs épis dressés dans une grande gamme de coloris pastel ou bicolores en juin-juillet.	*32–33*, 41
Lychnis coronaria	Coquelourde des jardins	**V/C**	3	Feuillage gris argenté sur tiges robustes de 60 cm. Fleurs rouges en juillet-août.	49
Lysimachia clethroides	Lysimaque	**V/F**	5	Plante envahissante aux tiges feuillues (hauteur : 90 cm). Fleurs en épis terminaux allongés en juin-juillet.	*56*
Mazus reptans		**V/L**	4	Plante tapissante aux petites feuilles et fleurs bleu-pourpre en mai et juin. Parfait pour combler les vides entre des dalles.	72
Meconopsis x *sheldonii*		**T**		Un pavot de l'Himalaya, sur des tiges hautes de 0,90 à 1,20 m. Fleurs bleues pendantes, à pétales très fins.	*117*
Melissa officinalis	Mélisse citronelle	**OD.**	3	Ses feuilles à odeur citronnée s'utilisent par parfumer des boissons, des plats de poisson et des pots-pourris.	106, 110
Mentha pulegium	Menthe	**OD.**	3	Petite plante rampante très odorante. Fleurs bleu lavande sur de courtes tiges raides.	106
Mentha requienii	Menthe	**OD.**	8	Plante tapissante aux feuilles très odorantes. Minuscules fleurs lavande clair en été.	106
Miscanthus sinensis 'Gracillimus'		**T**	3	Grande graminée gracile aux feuilles allongées de 1,80 à 2,40 m. Inflorescences légères et plumeuses à la fin de l'été.	118
Miscanthus sinensis 'Variegatus'		**SO**	3	Identique au précédent, mis à part que les feuilles sont panachées de longues bandes blanches.	*133*
Monarda didyma	Monarde	**V/C, OD., G**	4	Tiges dressées, hautes d'environ 1 m. Fleurs rouge écarlate disposées en pompon apparaissant en juillet-août.	41, 98, *99*, 110, 147
Monarda didyma 'Croftway Pink'		**V/C**	4	Fleurs roses et port plus compact.	41

V=**VUE** **V/C**=**VUE/**COULEUR **V/F**=**VUE/**FORME **V/L**=**VUE/**LIGNE **OD.**=**ODORAT** **T**=**TOUCH** **OU.**=**OUÏE** **G**=**GOÛT** ✲=**6e SENS**

PLANTE	NOM COMMUN	SENS	ZONE	DESCRIPTION	PAGE
Monarda fistulosa		**OD.**	4	Tiges moins anguleuses, dressées sur 90 cm. Couronnes de fleurs lilacées. Colonise quand elle se plaît	88, 98, 110
Nepeta faassenii (aka *Nepeta mussinii)*		**V/C, V/F**	3	Plante couchée à odeur aromatique et au feuillage gris-vert. De minuscu les fleurs lavande de juin à août.	*32–33*, 44,
Nicotiana alata		**OD.**	5	Vivace cultivée comme une annuelle, haute de 60 à 90 cm. Fleurs blanches en grappes, à tube élancé, odorantes, s'ouvrant le soir.	103
Nicotiana sylvestris		**OD.**	5	Grande plante de 1,50 m à fleurs blanches en panicules, très odorantes le soir.	103
Nierembergia hippomanica		**T**	9	Plante basse, rampante. Sur les tiges de 15 à 30 cm, des fleurs en clochette bleu violet tout l'été.	*112–13*
Osmunda cinnamomea	Fougère	**T**	3	Fougère de 60 cm aux frondes fertiles et stériles distinctes, vertes ou tirant sur le brun.	126
Osmunda regalis 'Purpurescens'	Osmonde royale	**V/F**		Magnifique fougère de 0,60 à 1,20 m aux feuilles finement découpées et ondulées.	*60*
Pachysandra terminalis		**T**	4	Petit arbuste stolonifère utilisé comme couvre-sol, à feuillage persistant et brillant très décoratif.	126
Paeonia lactiflora	Pivoine de Chine	**OD.**	3	Tiges couvertes d'un dense feuillage. De larges fleurs rondes parfumées. Courte floraison en juin.	*100*, *101*
Paeonia officinalis	Pivoine des jardins	**OD.**	3	Nombreuses feuilles finement découpées. De grosses fleurs rouges doubles en mai-juin	*110*
Paeonia suffruticosa	Pivoine en arbre	**OD.**	5	Arbuste dressé de 1,80 m aux rameaux ligneux. Grandes fleurs, simples ou doubles, dans une gamme de coloris très variée.	92, *101*
Papaver orientale 'Henfield Brilliant'	Pavot d'Orient	**V/C, V/F**	3	Feuillage grossier et velu. A l'extrémité de longues tiges, des fleurs orange dont le pétale rappelle le papier crépon.	*30*, *49–50*,
Pennisetum alopecuroides 'Hameln'		**S, OD., T**	5	Graminée poussant en touffes (hauteur : 60 à 90 cm). Inflorescences ressemblant à des queues de renard en août et septembre.	*23*, *99*, 118, *122*
Pennisetum setaceum 'Cupreum'		**V/C**	4	Forme une belle touffe dense (0,90 à 1,20 m) surmontée en été d'inflorescences floconeuses, de couleur cuivrée à pourpre.	52
Penstemon 'Evelyn'		**OD.**		Fleurs blanches à roses sur plantes arbustives.	*106*

V=**VUE** **V/C**=**VUE/**COULEUR **V/F**=**VUE/**FORME **V/L**=**VUE/**LIGNE **OD.**=**ODORAT** **T**=**TOUCH** **OU.**=**OUÏE** **G**=**GOÛT** ✲=**6e SENS**

PLANTE	NOM COMMUN	SENS	ZONE	DESCRIPTION	PAGE
Perovskia atriplicifolia	Perovskia à feuilles d'Arroche	**V/C**	3	Arbuste peu ramifié au fin feuillage argenté (hauteur : 1 m), dégageant une odeur aromatique quand on le froisse. En été, apparaissent de minuscules fleurs bleues.	41
Phlox x 'Chatahoochee'		**V/F**	4	Fleurs étoilées roses à centre rouge sur des tiges courtes de 20 cm au printemps.	*64*
Phlox divaricata		**V/C, OD.**	3	Petites feuilles sur des tiges hautes de 30 cm. Donne des corymbes de fleurs étoilées bleu lavande en mai et juin.	48, *91*
Phormium tenax	Lin de la Nouvelle-Zélande	**V/C, V/F**	8	Feuilles vertes de 1 à 2 m, longues et rigides, parfois panachées. Il existe des cultivars nains ou à feuillage pourpre.	*52*, 63–65
Platycodon grandiflorum 'Blue'		**V/C, G**	3	Tiges graciles de 60 cm, feuillage gris-vert et fleurs bleues en large coupe de juin à août.	28, 148
Polemonium reptans		**V/C**	3	Touffes de feuilles délicates ressemblant aux fougères. Fleurs bleu pâle en panicules d'avril à juin.	41, 48
Polianthes tuberosa	Tubéreuse	**OD.**	11	Rosette de feuilles linéaires à port étalé (hauteur : 90 cm). Fleurs blanches en grappes, à l'odeur suave très pénétrante en été et en automne.	103
Potentilla nepalensis 'Miss Willmott'	Potentille	**V/C**	5	Belle plante à tiges rameuses (hauteur : 40 cm). Les feuilles ressemblent à celles du fraisier. Fleurs rose carminé vif pendant presque tout l'été.	36
Primula alpicola	Primevère	**OD., SO**	4	Petite rosette de feuilles lancéolées vert sombre. Fleurs blanches, violettes ou jaunes en ombelle au début du printemps.	103, *135*
Rheum palmatum	Rhubarbe	**V/C, V/F**	3	Très grandes feuilles découpées sur de robustes tiges velues. Haute hampe florale et fleurs rouges en juin et juillet.	52, *62*, 65
Rodgersia pinnata 'Superba'		**V/C**	6	Amples feuilles digitées aux reflets pourpres lorsqu'elles sont jeunes. Très nombreuses petites fleurs roses sur de longues tiges en juin-juillet.	52
Rodgersia podophylla		**S**	6	Plante décorative à feuilles composées, grossièrement decoupées. Fleurs d'un blanc verdâtre en été.	*21*
Rosmarinus officinalis	Romarin	**OD., G**	7	Arbuste rameux jusqu'à 90 cm, aromatique. Feuilles persistantes, vert foncé dessus et blanc dessous. Fleurs en grappes courtes bleu pâle toute l'année.	86, 87, 106, *107*, 147, 148
Rubus phoenicolasius	Ronce	**G**	5	Arbuste à tiges épineuses recouvertes de gros poils rouges, qui donne en été des fruits semblabes à la framboise.	144–46

V=**VUE** **V/C**=**VUE/**COULEUR **V/F**=**VUE/**FORME **V/L**=**VUE/**LIGNE **OD.**=**ODORAT** **T**=**TOUCH** **OU.**=**OUÏE** **G**=**GOÛT** **✲**=**6e SENS**

PLANTE	NOM COMMUN	SENS	ZONE	DESCRIPTION	PAGE
Ruta graveolens	Rue	**V/C**	4	Plante arbustive (jusqu'à 60 cm) aux petites feuilles rondes, vert bleuté, à odeur forte. Fleurs jaune verdâtre très discrètes.	49
Salvia argentea	Sauge argentée	**V/C**	4	Feuilles velues blanchâtres, de 15 à 20 cm de long. Fleurs blanc rosé en panicules (jusqu'à 1,20 m de hauteur).	49
Salvia elegans	Sauge	**OD., G**	9	Plante de 60 à 90 cm de hauteur, aux feuilles vert tendre aromatiques et comestibles. Fleurs écarlate à tube, également comestibles, en automne.	110, 147
Salvia officinalis	Sauge	**V/C**	4	Sous-arbrisseau très ramifié. Feuilles allongées gris-vert à usage culinaire. Fleurs bleu violet au début de l'été.	52
Salvia x *superba*	Sauge	**V/L**	4	Plante ramifiée de 45 cm aux feuilles vert foncé. Tiges florales dressées aux fleurs d'un bleu violet intense.	77
Santolina chamaecyparissus	Santoline, petit cyprès	**OD.**	6	Feuillage persistant finement découpé, gris argenté et aromatique. Fleurs à capitules jaunes de juillet à septembre.	*107*
Santolina virens		**OD.**	6	Plante touffue (hauteur : jusqu'à 30 cm) à feuillage vert foncé. Fleurs jaunes en bouton à la fin de l'été.	*107*
Saxifraga umbrosa 'Elliott's Variety'	Désespoir du peintre	**V/C**	4	Rosette de petites feuilles. Grappes lâches de fleurs rosées sur tiges florales rouges en mai.	*40*
Sedum spurium 'Dragon's Blood'		**V/C**	4	Plante succulente rampante à feuilles épaisses, de couleur bronze. Sur de courtes tiges apparaissent des fleurs rouge rosé en été.	52
Sedum telephium 'Autumn Joy'		**T**	4	Feuilles épaisses sur tiges dressées. Fleurs rosées en corymbe virant à des tons cuivrés, puis au bordeaux à la fin de l'été.	*122*
Sedum telephium subsp. *maximum* 'Atropurpureum'		**V/C**	4	Feuilles pourpre foncé, épaisses et ovales, sur des tiges de 45 à 60 cm. Fleurs blanchâtres en corymbe à la fin de l'été.	52
Sempervivum tectorum	Joubarbe	**V/C, V/F**	4	Rosette compacte de feuilles charnues et persistantes. Autour de la plante adulte, de nombreuses petites rosettes reliées à celle-ci par des stolons. En été, fleurs roses sur de courtes tiges arquées.	49, 60
Senecio cineraria	Cinéraire maritime	**V/C, V/F, OD.**	5	Plante aux tiges rameuses de 30 à 60 cm. Feuilles polybolées, blanches et laineuses, très décoratives.	43, 49, 63, 98
Sparaxis tricolor		**V/F**	9	Feuilles ensiformes courtes. Fleurs de 5 cm marquées de rouge, jaune, blanc, rose ou pourpre.	60

V=**VUE** **V/C**=**VUE/**COULEUR **V/F**=**VUE/**FORME **V/L**=**VUE/**LIGNE **OD.**=**ODORAT** **T**=**TOUCH** **OU.**=**OUÏE** **G**=**GOÛT** **✲**=**6e SENS**

PLANTE	NOM COMMUN	SENS	ZONE	DESCRIPTION	PAGE
Stachys byzantina	Epiaire	**S, V/C, V/F, T**	4	Plante à tiges couchées, aux feuilles laineuses d'un gris argenté qui forme un net contraste avec les feuillages verts.	*24*, 49, 60, *117*, 118, *124–25*
Symphytum officinale	Consoude	**T**	3	Plante à tige robuste de 90 cm, aux feuilles larges et épaisses. Grappes de petites fleurs pourpres en juin.	*127*
Tanacetum amanii	Tanaisie	**OD.**	3	Espèce rare de tanaisie aux feuilles rugueuses et aux fleurs jaunes en bouton.	107
Tellima grandiflora		**T**	7	Rosette basse de feuilles d'où se dressent des tiges florales hautes de 60 cm, couvertes de fleurs blanc verdâtre en coupe.	*117*
Thalictrum aquilegifolium	Pigamon	**V/C**	5	Feuillage ressemblant à celui de l'ancolie. Délicates petites fleurs lilacées en panicules en mai et juin.	37
Thymus citriodoris	Thym citron	**OD., G**	4	Plante aromatique arbustive de 15 à 30 cm aux feuilles à odeur citronnée. Petites fleurs lilas pâle en juin.	106, 110, 147
Thymus lanuginosis		**T**	4	Plante tapissante aux minuscules feuilles gris argenté et aux fleurs rosées apparaissant en juin.	121
Thymus vulgaris	Thym	**G**	4	Petite plante aromatique très ramifiée (hauteur : 20 cm), aux feuilles vert gris. Petites fleurs roses en juin-juillet.	150
Urtica dioica	Ortie	**T**	3	Plante aux tiges dressées succulentes et aux feuilles couvertes de poils urticants dont le contact provoque une vive brûlure.	118
Verbascum blattaria	Molène	**T**	3	Feuilles vert foncé dentées. En été, fleurs jaune pâle sur tiges florales de 75 cm.	118
Verbascum thapsus	Bouillon blanc	**T**	3	Plante bisannuelle très commune. Une rosette de 45 cm de grandes feuilles laineuses gris-vert. En été, fleurs jaune pâle sur tiges florales de 1 m.	118
Verbena canadensis	Verveine de Miquelon	**S**	6	Petite vivace (jusqu'à 45 cm de haut) aux fleurs violet pourpre en épis allongés. Longue floraison.	23
Veronica incana	Véronique	**V/C, V/F**	3	Feuilles blanches et laineuses, très découpées. Tiges florales aux fleurs bleu lilacé de juin à août.	49, 60
Vinca minor	Petite pervenche	**V/C, T**	4	Feuilles brillantes et persistantes sur tiges couchées et tapissantes. Fleurs blanches, rouges ou violacées en avril-mai.	*48*, 126

V=**VUE** **V/C**=**VUE/**COULEUR **V/F**=**VUE/**FORME **V/L**=**VUE/**LIGNE **OD.**=**ODORAT** **T**=**TOUCH** **OU.**=**OUÏE** **G**=**GOÛT** **✲**=**6e SENS**

PLANTE	NOM COMMUN	SENS	ZONE	DESCRIPTION	PAGE
Viola odorata	Violette odorante	**OD., TA**	5	Petite plante de 15 cm à feuilles cordiformes et à fleurs violet foncé très odorantes.	84, 88, 91–92, 103, 147
Viola x *wittrockiana* 'Crystal Bulb'	Pensée	**V/C**	5	Touffes de 15 cm de feuillage vert pâle. Fleurs caractéristiques bleu foncé, de mai à septembre.	*27*
Yucca filamentosa		**V/F**	4	Feuilles de 50 cm en rosettes denses. Une hampe supportant une grande panicule de fleurs blanches, teintées de vert, en juillet-août.	63–65

Arbustes

Abutilon pictum 'Thompsonii'		**V/F**	9	Branches longues et grêles, d'où pendent des fleurs rouge orangé en coupe, tout au long de l'année.	*64*
Aloysia triphylla		**OD.**	7	Plante aux tiges grêles et aux feuilles à odeur citronnée.	88, 106
Azalea (hybride)		**V/L**			70, *72*
Brunfelsia americana		**OD.**	11	Fleurs blanches odorantes en longues corolles évasées.	104
Brunsfelsia pauciflora 'Floribunda'		**OD.**	8	En juin, fleurs pourpres ou lavande qui virent au blanc après quelques jours.	104
Buddleia alternifolia	Arbuste aux papillons	**OD.**	6	Fleurs lilacées en épis sur de longues tiges arquées en mai-juin.	93
Buddleia davidii	Arbuste aux papillons	**OD., T**	6	Fleurs en panicules bleu-violet en juillet.	*10*, 93
Buxus sempervirens 'Suffruticosa'	Buis commun	**V/C, V/F**	6	Arbuste (peut atteindre 1,50 m) aux petites feuilles ovales créant des bordures denses.	*48, 61*
Calycanthus floridus	Arbre Pompadour	**OD.**	4	Fleurs d'un brun rougeâtre foncé, odorantes (en mai et juin).Les fruits sont également odorants lorsqu'ils sont écrasés.	92
Camellia japonica	Camelia	**OD., T**	8	Arbuste à feuilles larges et persistantes. Fleurs blanches, rouges et roses de 5 à 12 cm.	*93*, 126
Ceanothus impressus		**V/C, ✲**	9	Petites feuilles persistantes et très nombreuses fleurs bleu foncé en panicules.	*28, 158–59*
Cestrum nocturnum		**OD.**	10	Longues tiges presque sarmenteuses. Petites fleurs jaunâtres très parfumées en hiver.	87, 104, 105
Chamaecyparis obtusa 'Gracilis'		**SO**	6	Bel arbuste persistant à croissance lente (jusqu'à 4,5 m). Feuillage très sombre.	*133*
Choisya ternata	Oranger du Mexique	**OD.**	9	En juin-juillet, nombreuses petites fleurs étoilées blanches au parfum de fleur d'oranger.	92

V=**VUE** **V/C**=**VUE/**COULEUR **V/F**=**VUE/**FORME **V/L**=**VUE/**LIGNE **OD.**=**ODORAT** **T**=**TOUCH** **OU.**=**OUÏE** **G**=**GOÛT** **✲**=**6e SENS**

PLANTE	NOM COMMUN	SENS	ZONE	DESCRIPTION	PAGE
Clethra alnifolia		**OD.**	3	Arbre ou arbrisseau (jusqu'à 3 m). Petites fleurs blanches odorantes en août.	93
Clethra alnifolia 'Pinkspire'		**OD.**	3	Idem, mais à fleurs roses.	93
Corylopsis pauciflora		**OD.**	6	Petit arbre ou arbrisseau. En mars-avril, avant l'apparition des feuilles, fleurs jaunes odorantes, par groupes de 2 ou 3.	92
Corylus avellana 'Fusco-rubra'	Noisetier	**V/C**	4	Arbuste à feuilles rondes et pourpres (jusqu'à 3 m).	52
Daphne burkwoodii		**OD.**	5	Arbrisseau à feuilles peristantes ou caduques selon le climat. Fleurs odorantes au printemps avec parfois une deuxième floraison à l'automne.	93
Daphne cneorum	Thymélée des Alpes	**OD.**	4	Petit arbrisseau pour rocailles. Port buissonnant (30 cm de haut et 90 cm de large). Fleurs odorantes au printemps.	92
Daphne mezereum	Bois joli	**OD.**	4	Arbuste au port élancé et aux feuilles surtout terminales. Grappes de fleurs odorantes, rose à pourpre, en février-mars.	91
Daphne odora		**OD.**	8	Arbuste à port bas, aux feuilles persistantes. Fleurs roses, très parfumées, en mars.	86, 88, 91
Deutzia gracilis		**OD.**	3	Longs rameaux de 1,50 à 1,80 m, gracieusement arqués et couverts de jolies fleurs blanches.	*35*
Eleagnus angustifolia 'Coral Silver'		**OD., SO**	3	Arbuste touffu de 4,50 m aux feuilles gris-argenté produisant des baies très prisées des oiseaux.	49, 132
Erica carnea		**T**	5	Arbrisseau couché (hauteur : environ 30 cm) aux fleurs rouge rosé de décembre à juin dans les régions à climat maritime doux.	*114*
'Pirbright Rose'		**OD.**		Fleurs plus foncées que le précédent.	*37*
'*Fatsia japonica*		**V/F**	8	Arbuste ou petit arbre (de 1,80 à 2 m) aux larges feuilles persistantes. Intéressant par son aspect subtropical.	65
Gardenia jasminoides	Gardenia	**OD.**	8	Arbuste aux feuilles brillantes et persistantes. Fleurs blanches tournant au blanc crème, à l'aspect satiné, très odorantes de mai à novembre.	87, 93, 111
Heliotropium arborescens	Héliotrope	**OD.**	9	Fleurs violet foncé à blanc, au parfum sucré, au printemps et en été.	100
Hibiscus rosa-sinensis		✲	9	Grand arbrisseau ramifié. De juin à septembre, très grandes fleurs (15 cm) jaunes à centre rouge cerise.	156

V=**VUE** **V/C**=**VUE/**COULEUR **V/F**=**VUE/**FORME **V/L**=**VUE/**LIGNE **OD.**=**ODORAT** **T**=**TOUCH** **OU.**=**OUÏE** **G**=**GOÛT** ✲=**6e SENS**

PLANTE	NOM COMMUN	SENS	ZONE	DESCRIPTION	PAGE
Hydrangea quercifolia		**V/C, OD.**	3	Bel arbuste aux feuilles très découpées et aux fleurs blanches caractéristiques apparaissant en été.	*34*, *104*
Lantana camara 'Allgold'		**OD.**	10	Arbuste à feuillage persistant aux tiges presque sarmenteuses. Fleurs jaunes, orange ou rouges réunies en petits corymbes.	*111*
Leptospermum scoparium		**V/L**	9	Arbuste ou petit arbre aux minuscules feuilles angulaires. De nombreux cultivars fleurissant à la fin de l'hiver.	70
Leucothoe fontanesiana		**OD.**	6	Rameaux arqués, longs de 1,20 à 1,50 m. Au printemps, grappes pendantes de fleurs blanches.	92
Mahonia bealei		**OD., T**	6	Arbuste (hauteur : jusqu'à 1,50 m) aux larges feuilles à dents épineuses. Fleurs jaunes très parfumées en mars- avril.	90, 91, 126
Myrica pensylvanica	Cirier	**V/F, OD.**	7	Arbuste ou petit arbre de 1,80 à 2,70 m, aux feuilles aromatiques vert foncé. Les fruits sont gorgés d'une substance blanchâtre qui sert à la fabrication de bougies.	66, 110
Opuntia bigelovii		**T**	8	Cactée de 0,60 à 2,40 m aux tiges charnues articulées, couvertes d'aiguillons dangereux.	120
Paeonia suffruticosa	Pivoine en arbre	**OD.**	4	Cet arbuste peut être taillé en arbre. Son feuillage est décoratif. En mai, il donne de belles fleurs de 30 cm aux tons pastel.	92, *101*
Pelargonium crispum		**OD.**	9	Ses feuilles finement découpées dégagent une odeur citronnée.	106
Pelargonium graveolens		**OD.**	9	Feuillage fin au parfum de rose.	106
Pelargonium nervosum		**OD.**	9	Les feuilles écrasées sentent le citron vert.	106
Pelargonium odoratissimum		**OD.**	9	Feuilles parfumées à la pomme.	106
Pelargonium tomentosum		**OD., T**	9	Ses grandes feuilles velues sentent la menthe.	106, 118
Philadelphus coronarius	Seringat des jardins	**V/F, OD.**	3	Très prisé au siècle dernier, cet arbuste (qui peut atteindre 2,40 m) se couvre en juin de fleurs au parfum sucré.	66, 92, 98
Phormium tenax	Lin de Nouvelle-Zélande	**V/C, V/F**	8	Plus grand que le yucca (auquel il ressemble), il possède des feuilles linéaires larges de 12 cm. Certains cultivars ont des feuilles bronze, rougeâtres ou pourpres.	*52*, 63–65
Photinia fraseri		**OD.**	8	Petit arbre aux feuilles rouges lorsqu'elles sont jeunes puis qui deviennent brunes et persistantes à maturité.	88
Pinus Mughus	Pin Mugho	**V/C, V/L**	5	Pin de petite taille, à croissance lente et feuillage dense.	28, 48, 72

V=**VUE** **V/C**=**VUE/**COULEUR **V/F**=**VUE/**FORME **V/L**=**VUE/**LIGNE **OD.**=**ODORAT** **T**=**TOUCH** **OU.**=**OUÏE** **G**=**GOÛT** **✲**=**6e SENS**

PLANTE	NOM COMMUN	SENS	ZONE	DESCRIPTION	PAGE
Pittosporum crassifolium		**V/C**	9	Arbrisseau de taille moyenne. Jolies feuilles gris-vert et petites fleurs pourpre foncé en mai-juin.	48
Pittosporum tobira		**OD.**	8	Petit arbre ou arbrisseau aux feuilles luisantes. Petites fleurs blanc-crème odorantes, en corymbes terminaux apparaissant au printemps et en automne. Très répandu dans le Midi.	92
Potentilla fruticosa	Potentille	✲	2	Arbuste aux petites feuilles fines. Fleurs solitaires jaune pâle de juin à octobre.	156
Rhaphiolepsis indica		✲	7	Arbuste de taille moyenne aux fleurs blanches teintées de rose. Floraison intermittente de février à août.	*158–59*
Ribes nigrum	Cassissier	**TA**	4	Arbuste pouvant atteindre 1,20 m. Fruits noirs très savoureux.	142–43
Ribes odoratum		**OD.**	6	Arbuste pouvant atteindre 2,10 m. Fleurs jaunes à l'arôme épicé au printemps.	92
Ribes sanguineum		**SO**	7	Arbuste de 1,80 à 2,10 m. Fleurs rose rouge très voyantes au printemps.	*137*
Rosa 'Cecile Brunner'		**S**	6	Floraison abondante de petites roses roses.	*160*
Rosa centifolia	Rose centfeuilles	**OD.**	6	Fleurs doubles odorantes, couleur rose à vermillon apparaissant en juin.	109–10
Rosa damascena	Rose de Damas	**OD.**	6	Fleurs du rose bleuté au rouge, odorantes et doubles.	12, 88, 110
Rosa damascena 'Ispahan'		**OD.**	6	Fleurs rose pâle, très parfumées. Floraison prolongée.	88
Rosa damascena 'Mme. Hardy'		**OD.**	6	Fleurs d'un blanc pur, très odorantes.	88
Rosa 'Friendship'		**OD.**	6		*109*
Rosa 'Fru Dagmar Hartopp'		**TA**	6	Fleurs rose pâle solitaires et parfumées	*143*
Rosa Fruhlingsgold'		**V/C**	7	Fleurs solitaires jaune pâle.	*30*
Rosa gallica	Rose de France	**OD.**	6	Petit arbuste à fleurs roses ou rouge cramoisi, très parfumées.	88, 110
Rosa 'Gruss an Aachen'		**OD.**	6	Fleurs rose nacre à l'arôme fruité.	12
Rosa moschata	Rosier musqué	**OD.**	5	Fleurs crème virant au blanc en été.	88
Rosa 'Nevada'		**S**	6	Fleurs blanches semi-doubles au centre jaune.	*24*
Rosa 'Queen Elizabeth'		**OD.**	5	Fleurs roses exquises, très prisées.	88
Rosa 'Ramona'		✲	5	Grand arbuste aux fleurs solitaires d'un rose intense.	*158–59*
Rosa 'The Fairy'		**V/F**	6	Abondance de petites fleurs roses en juin.	66
Rosmarinus officinalis	Romarin	**OD., TA**	8	Arbuste rameux aromatique, vigoureux et résistant à la sécheresse.	86, 87, 106, *107*, 147, 148

V=**VUE** **V/C**=**VUE/**COULEUR **V/F**=**VUE/**FORME **V/L**=**VUE/**LIGNE **OD.**=**ODORAT** **T**=**TOUCH** **OU.**=**OUÏE** **G**=**GOÛT** ✲=**6e SENS**

PLANTE	NOM COMMUN	SENS	ZONE	DESCRIPTION	PAGE
Sambucus canadensis		**T, TA**	4	Arbuste de 1,80 à 2,10 m, à fleurs blanches au printemps et en été. Fruits comestibles.	118, 146, 148
Sarcococca humilis		**OD.**	5	Arbuste buissonnant bas (hauteur : jusqu'à 45 cm), à placer dans un emplacement ombragé.	91
Syringa chinensis	Lilas Varin	**OD.**	3	Fleurs lilacées en larges panicules apparaissant en mai sur des rameaux grêles et retombants.	92
Syringa vulgaris	Lilas commun	**OD.**		Arbuste ou petit arbre bien ramifié aux fleurs en panicules apparaissant en mai.	88, 92
Taxus baccata 'adpressas'	If	**V/F**	7	Arbre ou arbrisseau (jusqu'à 1,50 m) aux branches divergentes. Feuillage dense, vert foncé.	66
Viburnum x burkwoodii	Viorne	**OD.**	3	Arbrisseau de 1,80 à 3 m à feuillage persistant. Fleurs blanches odorantes au printemps.	92
Viburnum Carlesii		**OD.**	3	Arbuste compact (jusqu'à 1,80 m) au feuillage caduc. Très prisé pour ses fleurs roses très odorantes.	12, 87, 92
Viburnum x *carlocephalum*		**OD.**	3	Arbuste à feuillage caduc (hauteur : plus de 2 m). Fleurs blanches et odorantes réunies en boule.	92
Viburnum fragrans		**OD.**	4	Bel arbuste à port érigé (jusqu'à 2,10 m) aux fleurs très odorantes.	91
Viburnum juddii		**OD.**	6	Arbuste similaire à *V. Carlesii* mais au port plus buissonnant.	92
Viburnum macrocephalum		**V/C**	3	Arbuste (jusqu'à 2 m) à feuillage caduc. Grandes fleurs blanches réunies en boule en avril et mai.	*35*
Viburnum tomentosum plicatum var.		**OD.**		Arbuste (jusqu'à 1 m) à feuillage caduc. Fleurs blanches en corymbe le long des branches horizontales.	*92*
Weigela hybrida 'Looymansia Aurea'		**V/C**	4	Arbuste résistant à feuillage caduc, fleurissant en mai-juin.	*44*

Arbres

PLANTE	NOM COMMUN	SENS	ZONE	DESCRIPTION	PAGE
Abies balsamea	Baumier	**OD.**	4	Forme conique et feuillage foncé.	106
Acer japonicum 'Aureum'	Erable	**V/C**	4	Feuillage doré.	52
Acer Negundo 'Variegatum'	Erable Negundo	**V/C**	4	Feuillage panaché.	52
Acer palmatum	Erable du Japon	**S, V/C**	4	Arbre élégant.	*23*, *30*, 52
Acer palmatum var. *dissectum*		**V/L**	4	Feuillage profondément découpé.	72
Aesculus hippocastanum	Marronnier d'Inde	**V/C, T**	5	Nombreuses fleurs blanches panachées de rouge en thyrse.	36, 120
Amelanchier canadensis		**V/L**	4	Fleurs blanches en grappes pendantes	70

V=**VUE** **V/C**=**VUE**/COULEUR **V/F**=**VUE**/FORME **V/L**=**VUE**/LIGNE **OD.**=**ODORAT** **T**=**TOUCH** **OU.**=**OUÏE** **G**=**GOÛT** **✲**=**6e SENS**

PLANTE	NOM COMMUN	SENS	ZONE	DESCRIPTION	PAGE
Arbutus menziesii		**V/L**	7	Persistant à feuilles larges beau tout au long de l'année.	*69*
Betula alleghaniensis	Bouleau	**T**	5	Ecorce argentée se détachant en lamelles.	118
Betula lenta	Bouleau merisier	**OD.**	5	Ecorce brun-rougeâtre, rameaux à odeur mentholée quand on les froisse.	105
Betula nigra		**T**	3	Ecorce brun-rouge, s'exfoliant en lamelles.	*115*
Betula pendula		**T**	5	Croît en cépée. Ecorce blanche.	123
Carya ovata	Noyer d'Amérique	**T**	5	Grand arbre à écorce écailleuse. Noix savoureuse.	120
Cedrus deodara 'White Imp'	Cèdre de l'Himalaya	**T**	5	Feuillage à l'aspect doux, branches étalées et pendantes.	*121*
Cedrus libani	Cèdre du Liban	**T**	7	Grand arbre au feuillage en rosettes d'aiguilles.	126
Chamaecyparus lawsoniana	Cyprès de Lawson	**V/C**	8	Conifère élégant.	49
Cladrastis lutea	Virgilier	**V/C, OD.**	3	Fleurs blanches odorantes, en grappes pendantes, apparaissant en juin.	36–37, 90–91
Cornus florida	Cornouiller	**V/L, T, SO**	5	Petit arbre aux grandes fleurs blanches en avril-mai.	70, 126, 132
Cornus mas	Cornouiller mâle	**TA**	5	Petites fleurs jaunes en mars.	146
Corylus americana		**T**	5	Joli petit noisetier.	120
Corylus avellana 'Fusco-Rubra'	Noisetier	**V/C**	5	Feuillage pourpre. Cultivé pour ses fruits.	52
Corylus maxima 'Purpurea'		**V/C**		Feuillage pourpre foncé.	52
Cotinus coggygria 'Purpureus'	Arbre à perruques	**V/C, V/F, V/L**	5	Petites fleurs pourpre foncé en larges panicules dressées apparaissant en juillet-août.	52, *60*, 70
Crataegus laevigata		**OD.**	4	Baies rouges pendant presque tout l'hiver.	*84*, 88
Eucalyptus	Eucalyptus	**V/C, OD.**	9	Nombreuses espèces, de dimensions et de formes diverses.	52, 106
Fagus grandifolia	Hêtre	**T**	4	Bel arbre à écorce grise et lisse.	118
Fagus sylvatica	Hêtre	**V/C**	4	Arbre élégant au beau feuillage.	52
Fagus sylvatica 'Tricolor'	Hêtre	**V/C**	4	Feuillage tricolore (vert, blanc et rose)	52
Franklinia alatamaha		**OD.**	5	Fleurs blanches à l'odeur de violette apparaissant en août.	91
Hamamelis x *intermedia* 'Ruby Glow'		**S**	7	Beau feuillage à l'automne. Fleurs rouge cuivré en petits bouquets de décembre à mars.	*22*
Hamamelis mollis		**OD.**	7	Fleurs rouges et jaunes odorantes de décembre à mars.	90
Hamamelis virginiana		**OD.**	5	Fleurs jaunes en novembre-décembre.	90
Juglans nigra	Noyer noir	**T**	6	Très grand arbre aux noix savoureuses.	120
Juniperus occidentalis	Genévrier	**V/C**	3	Beau feuillage bleu-gris.	49
Juniperus virginiana 'Skyrocket'	Genévrier de Virginie	**V/F**	3	Arbre à port pyramidal.	66

V=VUE V/C=VUE/COULEUR **V/F=VUE/**FORME **V/L=VUE/**LIGNE **OD.=ODORAT T=TOUCH OU.=OUÏE G=GOÛT ✲=6e SENS**

PLANTE	NOM COMMUN	SENS	ZONE	DESCRIPTION	PAGE
Koelreuteria paniculata	Savonnier	**OD.**	5	Panicules de fleurs jaunes en juillet.	91
Lagerstroemia indica		**V/F**	7	Très belles fleurs en panicules rouges, rose, lavande ou blanches de août à octobre (Essentiellement pour le Midi).	66
Magnolia grandiflora	Magnolia à grandes fleurs	**OD., T**	7	Grandes fleurs blanches et cireuses, odorantes d'avril à août.	88, 90, 118, 126
Magnolia quinquepeta 'Nigra'		**S**	6	Fleurs ressemblant àux lis, pourpre foncé à l'extérieur, rose à l'intérieur. Floraison prolongée au printemps et en été.	*21*
Magnolia heptapeta	Magnolia	**OD.**	5	Grandes fleurs blanches très parfumées, en forme de coupe, apparaissant en avril.	90
Magnolia x Soulangiana	Magnolia	**V/L**	5	Fleurs rouge violacé à l'extérieur, blanches à l'intérieur.	70
Magnolia stellata	Magnolia étoilé	**OD.**	4	Fleurs étoilées d'un blanc pur apparaissant avant les feuilles en mars-avril.	90
Oxydendron arboreum		**OD.**	7	Fleurs blanchâtres en panicules formées de grappes en juin.	90
Picea pungens	Sapin du Colorado	**S, V/C**	4	Certaines variétés ont des aiguilles bleu-gris (Montgomery a des aiguilles bleutées).	*23*, 49
Prunus cerasifera	Prunier Myrobolan	**V/C**	4	Fleurs blanches sur des branches encore nues en avril.	52
Prunus Persica 'Frost'	Pêcher	**TA**	7	Excellente variété.	*141*, 144
Prunus subhirtella 'Pendula'	Cerisier à fleurs japonais	**V/L**	4	Floraison abondante de fleurs roses en avril.	*71*
Prunus tomentosa		**OD., TA**	4	Fleurs blanches au printemps.	92, 146
Pseudotsuga menziesii	Sapin de Douglas	**SO**	2	Conifère élégant.	*137*
Pterostyrax hispida		**OD.**	5	Fleurs blanches, odorantes, en panicules pendantes, apparaissant en juin.	90
Pyrus salicifolia 'Pendula'		**V/C**	5	Bel arbre aux branches pendantes et aux feuilles ressemblant à celles du saule.	*40*
Quercus garryana		**V/L**	7	Grand chêne aux branches noueuses et à l'écorce grise.	*81*
Robinia pseudoacacia 'Frisia'	Robiner faux-acacia	**V/C**	3	Fleurs roses en grappes pendantes en mai-juin.	52, *60*
Salix alba tristis	Saule argenté	**V/F**	4	Les rameaux de l'année sont jaune vif.	*60*
Sassafras albidum	Sassafras	**OD.**	5	Petit arbre aux belles couleurs à l'automne.	105, 110
Sorbus aucuparia	Sorbier des oiseaux	**TA**	3	Arbre compact, aux baies rouge-orangé en grappes régulières restant jusqu'en automne.	*145*
Styrax obassia		**OD.**	6	Petites fleurs blanches odorantes, en grappes courtes, apparaissant en juin.	90
Taxus baccata	If	**V/C, V/F, V/L, OD.**	5	Conifère foncé à croissance lente, qui peut atteindre 9 m.	49, 52, *61*, 66, 72, *89*
Thuja plicata 'Aurea'	Western red Cedar	**V/C, V/F**	4	Extrémité des branches vert doré.	52, 66
Thuja occidentalis 'Rheingold'	Thuya du Canada	**V/C**	6	Feuillage de couleur dorée.	52

V=**VUE** **V/C**=**VUE/**COULEUR **V/F**=**VUE/**FORME **V/L**=**VUE/**LIGNE **OD.**=**ODORAT** **T**=**TOUCH** **OU.**=**OUÏE** **G**=**GOÛT** **✲**=**6e SENS**

LES CLIMATS DU MONDE

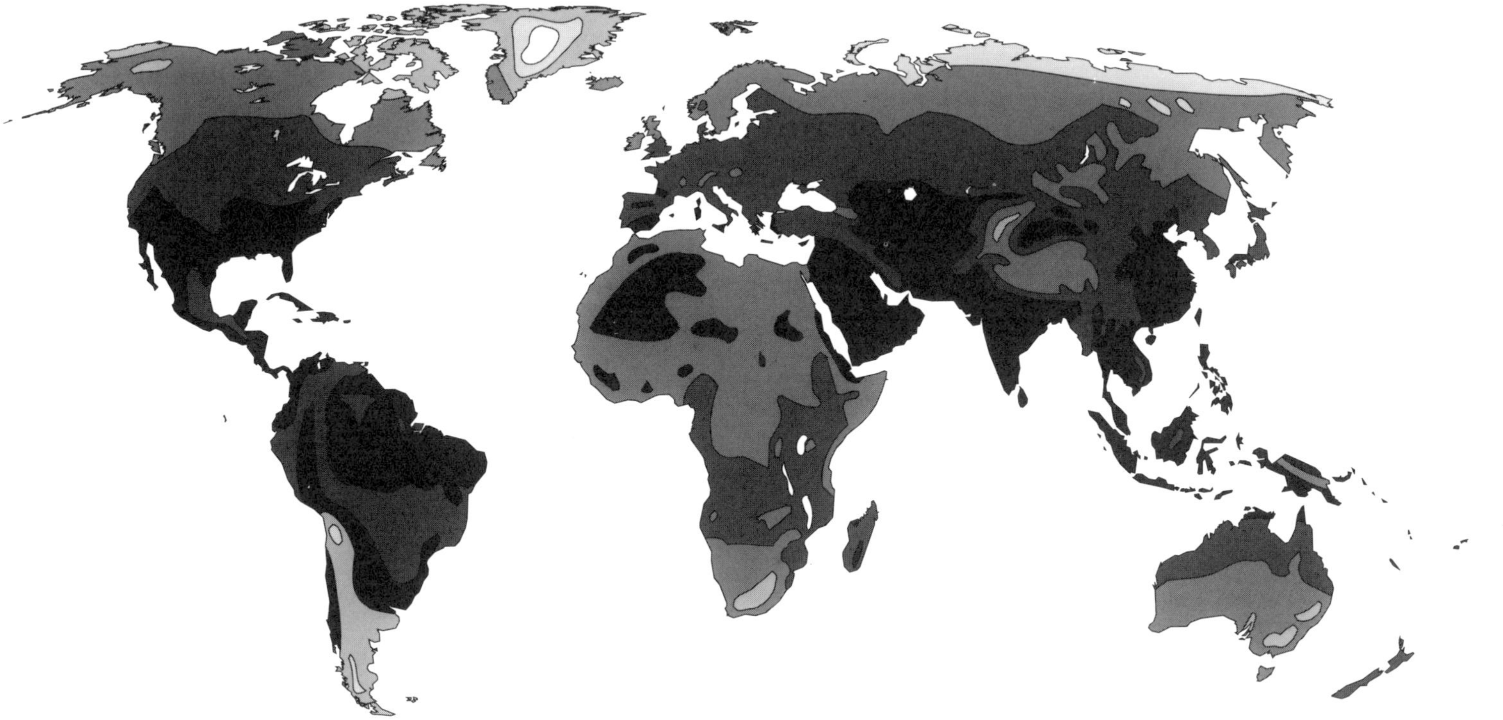

Températures

- 32° C et au-dessus
- 24° C à 32° C
- 16° C à 24° C
- 7° C à 16° C
- -1° C à 7° C
- -8° C à -1° C
- -8° C et en dessous

LES CLIMATS DE LA FRANCE

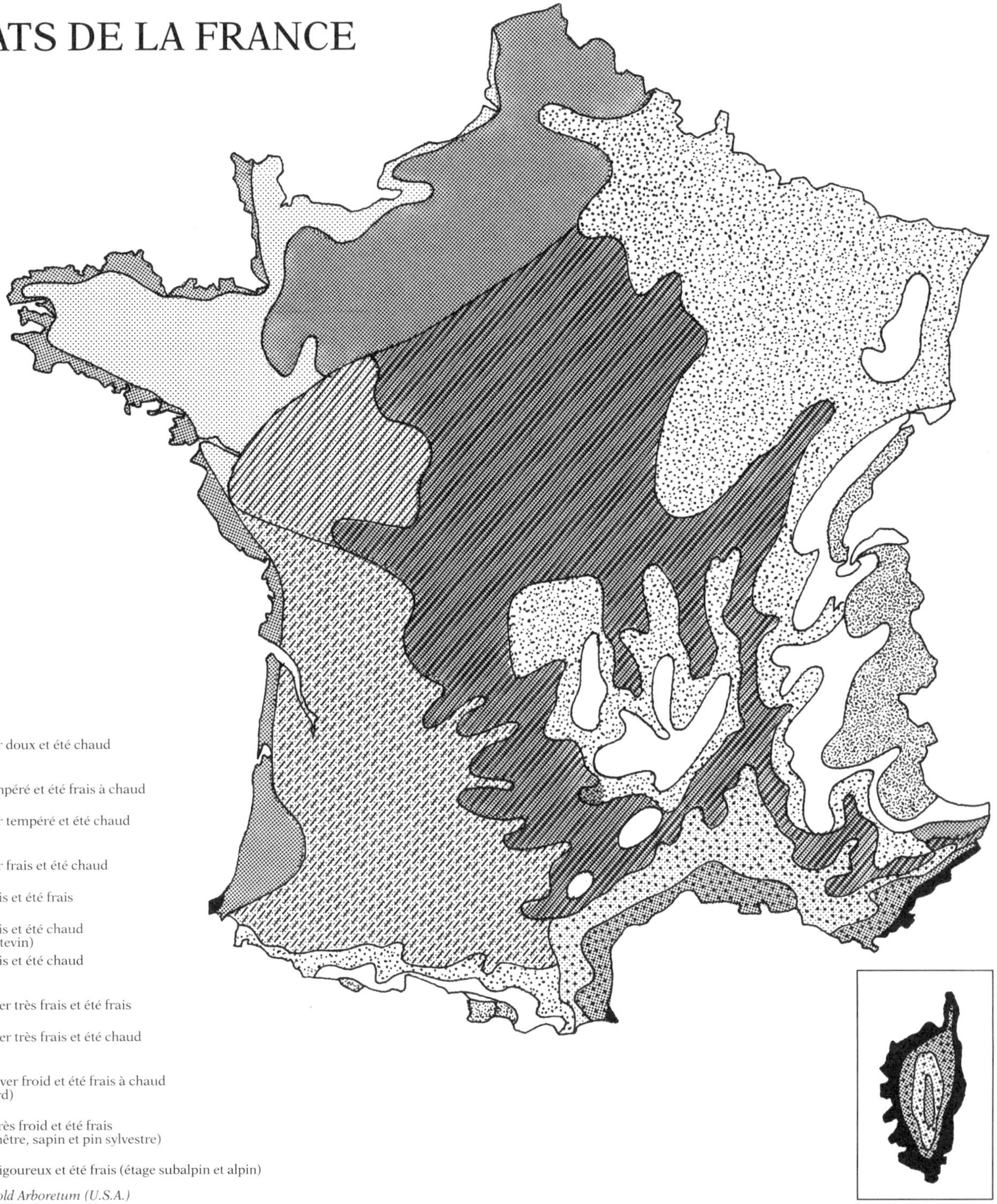

Zones de rusticité [1]

10	Méditerranéen à hiver doux et été chaud
9	Océanique à hiver tempéré et été frais à chaud
	Méditerranéen à hiver tempéré et été chaud
8	Méditerranéen à hiver frais et été chaud
	Océanique à hiver frais et été frais (breton-normand)
	Océanique à hiver frais et été chaud (angevin-vendéen-poitevin)
	Océanique à hiver frais et été chaud (aquitain)
	Semi-océanique à hiver très frais et été frais (normand-picard)
	Semi-océanique à hiver très frais et été chaud (centre)
7	Semi-continental à hiver froid et été frais à chaud (lorrain et montagnard)
6	Montagnard à hiver très froid et été frais (étage montagnard : hêtre, sapin et pin sylvestre)
5 ≤	Montagnard à hiver rigoureux et été frais (étage subalpin et alpin)

[1] d'après l'échelle anglo-saxonne de l'Arnold Arboretum (U.S.A.)

INDEX

Les numéros de page en *italique* se réfèrent aux illustrations